시선에
어린
하루

시선에 어린 하루

초판 1쇄 발행 2023년 11월 20일

지은이 유하, 엄민희, 서리울, 태오, 이동건, 김하민, 예준
펴낸이 장길수
펴낸곳 지식과감성#
출판등록 제2012-000081호

교정 정은솔
디자인 서혜인
편집 서혜인
검수 주경민, 이현, 정윤솔
마케팅 김윤길, 정은혜

주소 서울시 금천구 벚꽃로298 대륭포스트타워6차 1212호
전화 070-4651-3730~4
팩스 070-4325-7006
이메일 ksbookup@naver.com
홈페이지 www.knsbookup.com

ISBN 979-11-392-1433-8(03810)
값 12,500원

• 이 책의 판권은 지은이에게 있습니다.
• 이 책 내용의 전부 또는 일부를 재사용하려면 반드시 지은이의 서면 동의를 받아야 합니다.
• 잘못된 책은 구입하신 곳에서 바꾸어 드립니다.

지식과감성#
홈페이지 바로가기

시선에 어린 하루

유하 · 엄민희
서리울 · 태오
이동건 · 김하민 · 예준

그때의 나에게 위로를 건네며
빛바랜 사진에 색을 칠해 보는 여름밤

목차

유하

꽃밭 14
계절 15
추억 16
이름 17
무지개 18
실 19
바닥 20
용기 21
하늘 22
월요일 23
새벽 24
어른 25
여전히, 오늘은 26
선택 27
소소한 28

농도 29
바다 30
왼손잡이 31
여름밤 32
감정의 소용돌이 34
유영하다 36
시간의 흔적을 품고 38

엄민희

문제 오류 42

마음의 깊이 44

Once 45

모 아니면 도 47

행복의 상대성 49

민들레 50

나를 찾는 전화 52

안녕(安寧)하다 53

비 오는 날 55

마이너스 N 극 57

아무것도 아닌 58

Lily 59

Against 61

꽃 64

예민한 사람은 24시간이 피곤하다 65

글쓰기가 좋은 이유 67

서리울

도서관의 편지 70

음악실의 편지 72

통증 74

패션 75

빈칸 76

그건 아마 발버둥이었을 거야 77

애쓰다 78

영향 79

좋아하는 것 80

산타클로스 81

글을 쓴다는 건 그리워한다는 것 82

허전함 83

꿈과 글의 상관관계 84

해피 엔딩이냐, 새드 엔딩이냐 그것이 문제로다 86

Cotton Candy Love 89

Caramel Candy Love 94

사랑하던 리울에게 95

태오

흘러, 흘러, 흘러 100
당신을 좋아한다는 말 - 어느 겨울, 삿포로 102
나무 105
안 그래도 사랑할 것들이 넘치는 계절이라 - 어느 봄, 진해 106
벚꽃나무 아래에서 109
눈사람 자살 사건 110
보통 날 112
여름꽃 114
비는 소리부터 내린다 116
침묵하는 것들에 대하여 118
언젠가 파도가 돌아오지 않는 날 120
피곤한 어느 날의 단상 122
바다와 빗소리와 고열의 상관관계 124
저한테는 바다 냄새가 납니다 126

이동건

지나가면 안 될 순간 130
제가 감히 행복한 하루에 대해 얘기해 보자면요 132
바다를 만들기까지 133
향 134
나의 걸음마 135
나의 표현 – 마음 안아 주기 137
타임 러버 139
여름에는 에어컨을 틀어야겠어요 141
스토리텔러 142
엉엉 울었답니다 143
내가 지운 그 노래 145
불안함 속 작은 안락사 147
흑진주 149
감정 대비 151
잔잔한 모험 153
바보 155
진심 157

김하민

벚꽃 160
잔향 161
시간에 기대다 162
파도 소리 163
민들레 164
연심 165
티백 166
순간 167
비가 내림 168
번아웃 169
나의 색상은 흰색 171
여백을 채우다 172
아이러니함 174
고민 176
모기 178
독서 179

야경 180
물구나무 181
별 들 날 182
개굴개굴 183
빗방울을 담아 보다 184
여름 185
향수 186
꿈 187

예준

내 생애 단 한 번 - 장영희로부터 190
우리 모두에게 - 크로노스 조각상으로부터 192
멀티버스 - 『드래곤 라자』로부터 194
평생의 소원 - 수영으로부터 196
쳇 베이커 198
Inter - 이어령으로부터 201
시간의 방파제 202
메시지 204
메시지 2 206
골방, 海房, 解放 - 쳇 베이커로부터 208
霧野護 - Misty로부터 210
체중계 212
자국 214
천둥 치는 연기 - 모시 오아 툰야 215

유하

@yuha_geul

바다처럼 살고 싶은 사람.
평소엔 모노톤이지만 글만 쓰면 공감각적인 사람.

꽃밭

꽃집을 가득 메운 꽃. 저마다 자신의 이야기를 품고, 진한 향기로 전달하는 이야기. 그 향기에 이끌려 꽃을 둘러싼 사람들. 누군가는 그 꽃에 추억을 떠올리고, 누군가는 선물할 생각에 기뻐하고, 누군가는 방 안을 위로의 향기로 채우려 하겠지. 그렇게 모두 다 저마다의 마음을 품고, 그 향기에 자신의 이야기를 담고자 한곳에 모였구나.

그곳에서 우리의 마음은 꽃이 되겠지. 아니, 우리는 이미 하나의 꽃이었지. 저마다의 이야기를 품고 있는 아름다운 꽃. 나의 이야기를 가득 담은 진한 향기의 꽃. 그 꽃의 향기를 따라가다 보면 나의 세상을 만나겠지. 그렇게 우리는 꽃밭에 살겠지.

계절

돌고 또 돌아오는 계절임을 알면서도
가는 계절이 아쉬운 건
그 계절 속 시간이 아련하게 느껴져서.

추억으로 남을 행복도
고난으로 기억될 슬픔도
그 시절의 나를 표상하는 것만 같아서.

돌고 도는 계절,

나는 단 한 번의 계절을 살아 내고 있다.

추억

그때 그곳에 머물렀던 게 꿈같이 느껴질 때, 그게 현실이었던 걸 깨닫게 해 주는 것. 그때 느낀 내 감정이 신기루가 아닌 걸, 그때 내가 본 광경이 내가 만든 환상이 아닌 걸 다시 깨닫는 것.

그것이 추억의 또 다른 이름.

이름

문득 떠오르는 그 이름은 때로는 행복이었고 때로는 슬픔이었다. 찬란한 시간을 선물해 준 고마운 사람, 그럼에도 겪지 않아도 될 일을 겪게 한 사람이라 마냥 좋다고도 할 수 없는. 그 추억이 있어서 좋았고 또 그 추억이 있어서 힘들었던 그런 이름.

그렇게 좋으면서도 마냥 좋다고도 할 수 없는 그런 존재가 너였다.

무지개

아이러니하게도 추억의 기폭제는 보통 생각지도 못했던 것에서 시작된다. 우연히 들여다본 사진 하나에, 스쳐 지나갈 만한 단어 하나에, 그리고 생각지도 못한 순간에 '추억'이란 이름으로 우리를 찾아오곤 한다.

그 순간, 우리는 자연스레 그때 그 시절로 돌아간다. 그때와 똑같은 마음은 아니지만 행복했던 그때를, 혹은 지금은 그때처럼 힘들지 않아서 다행이라며 그때 감정과 공기를 추억하며 다시 떠올린다.

그 회상이 끝날 때쯤, 우리는 추억에 대한 여정을 새로이 시작한다. 내가 그때 그 시절로 돌아가던 그 순간 나와 있던 사람과 함께. 그 시절을 함께했더라면 추억에 현재의 감정을 녹여 또 다른 추억을 쌓고, 그 시절 몰랐다면 그 기폭제에 각자의 추억을 공유하며 함께 더 큰 추억을 만든다.

추억에 추억이 새로 덧입혀지는 순간 우리의 인연이란 실에도 새로운 색이 덧입혀진다. 나와 그 사람의 과거가 현재의 우리를 만나 새로운 미래의 색으로. 그렇게 우리의 인연을 감싼 형형색색의 아름다운 무지개를 마주한다.

실

옷에서 톡 떨어진 단추처럼 세상에서 떨어져 나간 기분이 들 때가 있다. 그 순간마다 나를 세상에 다시 이어 주는 건 다름 아닌, 뜻하지 않은 누군가의 위로다. 그 위로가 다시 내가 이 세상에 필요하다는 듯이 나와 세상을 단단하게 실로 엮어 준다.

혹여 또 다른 누군가에게도 이런 위로가 힘이 된다면 기꺼이 내가 그에게 바늘과 실이 되어 주리. 화려하진 않지만 단단한 실로 그에게 위로를 전하리.

"그대여 정말 애썼어요, 언제나 그대를 응원할게요."

바닥

때로는 바닥이 더 안전하게 여겨지곤 했다. 바닥이 어딘지 모를 땐 내가 지금 어디에 있는지, 어떤 반응을 해야 할지, 무엇을 해야 할지 모르곤 했으니까. 그렇게 불안함에 떨다가도 바닥에 닿고 나면 안도의 한숨을 쉬곤 했다. 상처를 받더라도 적어도 내가 딛고 있다는 느낌은 있었으니까.

용기

어쩌면 시작보다 끝에 더 많은 용기가 필요할지도 모른다. 시작은 무슨 일이 일어날지 몰라서 어려운 거지만 끝은 무슨 일이 일어날지 알기에 어려운 거니까.

마침표를 찍는 순간, 지금 머물던 순간이 이젠 지나쳐 버린다는 걸 알기에. 현재의 시간을 과거로 바꾼다는 걸 알기에. 이제는 끝조차 쉽게 선택하지 못하는 게 아닐까.

하늘

내 눈길은 끝도 없이 하늘로 닿는다. 하늘을 바라보는 순간엔 어느 하나 좋지 않은 순간이 없으니까.

해가 뜰 땐 그 찬 공기와 불그스름한 하늘이 한데 어우러진 분위기가 차분해서. 해가 쨍쨍할 땐 파란 하늘에 뭉게구름이 가득해서. 해가 질 땐 온 세상이 보랏빛 향기를 품고 단풍처럼 물드는 것 같아서. 해가 진 뒤엔 시원한 바람이 달빛과 별빛이 만드는 은은한 사색에 더해져서.

끝없이 변하는 하늘에 빠져드는 건 내게 뭐든 괜찮다고 말해 주는 것 같아서. 나도 이렇게 끝없이 변하니까 너도 그래도 된다고 응원해 주는 것 같아서. 나처럼 어떤 날은 맑았다가, 어떤 날은 또 흐렸다가, 어떤 날은 비가 왔다가, 또 어떤 날은 눈이 왔다가 그래도 된다고. 그래도 여전히 멋진 나라고 위로를 건네는 것 같아서.

하늘을 바라보는 순간엔 어느 하나 좋지 않은 순간이 없다. 그러니 내 눈길이 끝도 없이 하늘로 닿을 수밖에.

월요일

거세지는 피곤의 물결과 함께 끊임없이 밀어닥치는 한 주의 파도. 그 끝에 마침내 마주한 올랑이는 물결. 잔잔한 파도와 함께한 여유도 잠시, 다시 넘실거리는 파도를 마주해야 한다는 깨달음. 그럼에도 그 파도 위에서 파도타기를 즐겨 보겠다는 마음이 공존하는 순간. 여유에서 벗어나 현실을 마주해야 한다는 자각과 함께, 다시 한 주 온전히 잘 살아 내고 싶다는 다짐.

아아, 그것이 월요일의 또 다른 이름이어라.

새벽

새벽,
이성에게 내어줬던 공간을 감성이 다시 되찾아 오는 시간.

또다시 해가 뜨면 이 감정을 꾹꾹 눌러 담아야 함을 알기에 오늘 밤도 쉽사리 잠들지 못하고 어두스름한 새벽에 불빛 하나를 보탠다.

어른

어른, 그 두 글자는 왜 그렇게 모순을 가득 품고 있는지.

수없이 마주한 다름에 많은 걸 내려놓으면서도 나의 선과 시선이 더 견고해지는. 내게 뭔가를 선택할 수 있는 경제적 여유가 주어졌지만 오히려 무언가를 선택하는 데 더 망설이는. 분명 꿈을 꿨던 순간보다 꿈에 더 가까워졌는데도 그 꿈을 포기하는.

할 수 있으면서도 할 수 없는 존재.

어쩌면 이게 어른의 모습일지도 모르겠다.

여전히, 오늘은

삶의 무게를 사랑하는 날이 올까.

그런 날이 오면 난 좀 더 성장했다고 할 수 있을까.

어릴 때 쉬이 넘지 못했던 돌부리를 이제는 아무렇지 않게 지나갈 수 있던 순간. 그때는 거대한 산처럼 느껴지던 큰 돌부리가 지금은 있는지도 모르는 작은 돌부리가 되었단 걸 깨달은 순간. '그래, 그런 적도 있었지.' 웃으며 자연스레 지나가던 순간.

나는 비로소 어른이 됐다 생각했는데, 여전히 삶은 쉽지 않다. 또다시 내 앞에 나타난 돌부리에 주저앉았고, 그 돌부리를 넘지 못했다.

아마 시간이 지나면 다시 깨닫겠지. 돌부리를 지나갈 힘이 내게 있었다고. 언제나 그랬던 것처럼. 아니, 내일만 돼도 그러겠지. '그래, 이런 적이 한두 번이었나. 다시 힘내 보자.' 하겠지.

그럼에도 그 돌부리가 좀 버겁게 느껴지는 오늘.

오늘은 어쩔 수 없나 보다.

선택

선택이란 아이는 꼭 가만히 있다가 행복을 느낄 때 고개를 든다. 마치 지금 내가 느끼는 행복이 과한 욕심이라는 듯이.

그 순간 그 행복은 더 이상 행복이 아니다. 오히려 더 괴로운 장애물이 된다. 과연 나는 어떤 행복을 선택해야 할까. 끊임없는 저울질 끝에 나를 행복하게 했던 상황을 외면하는 일, 누군가의 손을 놓는 일, 그리고 이어지는 자책.

내가 조금 더 큰 사람이었다면 이 행복을 모두 품을 수 있었을까. 내가 부족하지 않았다면 무언가를 놓칠 일이 적었을까.

괜스레 비 오기 전 먹구름 낀 하늘처럼 내 마음도 까맣게 타들어 가는 그런 날.

그래, 오늘만 작아지자. 오늘만 나를 탓하자.

오늘 밤은 끝없이 천둥번개가 치더라도 내일은 다시 맑을 테니.

오늘만, 딱 오늘만.

소소한

모래사장에 앉아 평온하게 바라보는 노을. 추억을 떠오르게 하는 전시. 엄마의 마음을 가득 채운 택배. 공감되는 누군가의 글. 위로가 되는 노래. 가을이 오는 게 느껴지는 시원한 바람.

일상 속 '소소한' 행복 찾기에 진심인 사람, 그게 나다.

애써 찾지 않으면 당연한 걸 잊고 살게 된다는 걸, 좋은 기억으로 남을 일이 이름조차 붙이지 못한 순간으로 남을 수 있다는 걸, 여유를 찾으려 애쓰지 않으면 찾을 수 없다는 걸, 소소한 게 전혀 소소하지 않다는 걸 안 그 순간부터 나는 '소소한' 행복에 몰두했다.

더 이상 새롭지 않다는 사실만으로 감정을 잃기엔 남은 내 삶이 너무나 길기에. 지쳐 버려 포기하기엔 여전히 내 하루가 소중하기에.

다 타들어 간 나무에 다시 불을 붙이기 힘든 만큼 기쁜 일엔 기쁘다고 말할 수 있는 작은 불씨 하나만큼은 남겨 놓고 싶어서. 마주한 감정에 이름을 붙일 수 있는 그런 하루를 보내고 싶어서.

농도

마음의 무게와 머리의 무게는 달라서, 머리로는 나름 괜찮은 하루였다 싶어도 마음은 하루 속 괜찮지 않던 순간을 쌓아 간다. 그렇게 시간이 갈수록 지친 마음의 농도는 짙어진다. 힘듦에 힘듦을 타고 또 힘듦을 탄 것처럼. 그리고 그 짙은 농도에 마음이 완전히 잠식된 순간 모든 걸 놓아 버린다.

그 순간 우리가 해야 하는 건 그 마음을 비난하지 않는 것. 그리고 그저 농도가 희석될 충분한 시간을 주는 것.

바다

나이가 먹을수록 취향도 변하는 걸까, 요즘은 흐린 날의 바다가 좋다. 아니, 어쩌면 이제야 바다 그 자체를 바라볼 여유가 생긴 걸지도. 그 모습이 무엇이든 바다는 바다니까. 내가 좋아하는 바다인 건 변하지 않는 사실이니까. 뭔가를 좋아한다는 건 그런 게 아닐까.

맑은 날은 바다가 파래서 좋고. 흐린 날은 파란빛에 감추던 속마음을 드러낸 것 같아서 좋고. 맑은 날은 잔잔한 물결이 나를 맞이해서 좋고. 흐린 날은 굽이치는 물결에 쌓아 왔던 감정을 해소하는 것 같아 좋고. 맑은 날은 밝은 분위기라 좋고, 흐린 날은 꾸밈 없는 바다라 좋다.

그저 있는 그대로 바다를 받아들인 지금, 비로소 나는 바다를 좋아한다고 당당히 말할 수 있게 됐다.

왼손잡이

왼손잡이로 살아간다는 건 생각보다 힘든 일이더라.

수없이 나의 본성을 바꾸길 원하는 어른들을 만나고, 끝도 없이 오른손잡이를 위한 물건들에 익숙해져야 하고, 자리 하나도 부딪히지 않을 곳이 어디일지 생각해야 하더라.

다수가 아닌 소수로 살아간다는 건 생각보다 참 힘든 일이더라.

근데 그 시간만큼 사람이 참 견고해지더라고.

내가 나를 챙겨 주지 않으면, 인정해 주지 않으면 더 이상 날 위한 자리가 없으니까. 나 스스로 더 강해지려고, 더 지키려 애쓰니 그렇게 되더라고.

어쩌면 네가 가는 길도 그럴지 몰라. 계속해서 널 시험하듯 무언가 널 힘들게 할지도 몰라. 그렇지만 네가 가는 그 길도 언젠가 더 견고해지고, 선명해질 거야. 그러니 무너지고, 포기하고 싶을 때마다 널 믿고 다시 한번 힘을 내면 좋겠어. 너 스스로 너를 아끼고 챙겨 주면서 말이야.

여름밤

여름밤, 거꾸로 거슬러 오르는 연어처럼 그 시절 추억을 찾아 거슬러 올라간다.

빛바랜 사진에 다시 색을 입혀 보겠다고 애쓰는 내가 이해되면서도 또 이해되지 않는다. 그만큼 그때가 그리우면서 그립지 않으니까. 좋았지만 그만큼 또 힘들었던 그 시절. 그래, 애증. 그때의 기억은 딱 온전히 가질 수도 혹은 버릴 수도 없는 애증의 기억이다.

야자 시간 찬 바닥에서 친구들과 꿈을 꾸며 느꼈던 온기, 체육대회와 축가 연습에 목숨 걸듯 불태우던 열정, 생일이면 매점에서 사 온 간식으로 가득 찼던 우리의 책상.

따스하고 행복했던 기억에 아련해지면서도 그 기억 뒤 지금도 섣불리 어루만지지 못하는 기억이 존재한다.

주변의 기대 그리고 스스로 정해 놓은 선과 힘겹게 싸우던 그때를, 위태로워 보이는 젠가 위에서 쓰러지지 않으려 발버둥 치던 하루를 여전히 기억한다. 수많은 짐을 지면서도 또 다른 누군가에게 짐을 지우고 싶지 않아서 오로지 홀로 그 무게를 감당하던 그때의 나를, 꿋꿋한 척 다른 것들과 맞바꿔 기대치를 지켜 내던 그때의 나를, 나는 하나도 잊지 못했다.

과거에 머무르지 않아야 나아갈 수 있다, 과거에 집착하지 말라는 숱한 말에도 그 기억을 아직 계속 품고 있는 건 지금이라도 그때의 나를 혼자 두고 싶지 않아서. 더 늦기 전에 그때 혼자 버티게 해서 미안하다고, 정말 고생 많았다고 그때의 나에게 위로를 전하고 싶어서.

그때의 나에게 위로를 건네며 빛바랜 사진에 색을 칠해 보는 여름밤.

감정의 소용돌이

어떤 일에 긍정적 혹은 부정적인 면만 있는 게 아니듯 세상에는 모순처럼 보이는 게 함께 공존한다. 그 모순 중 하나가 인간은 사회적 동물이면서 또 혼자일 수밖에 없다는 사실이다.

한평생 다양한 공동체의 일원이면서 동시에 어디에도 속하지 않는 독립적인 개체로 존재하는 삶. 이 상황을 온전히 즐길 땐 자연스레 일상처럼 흘러가지만 타의로 분리를 경험하는 순간 그 성격은 묘하게 바뀐다. 마치 고여 있는 물처럼 그 시간에 갇혀 버린다.

나의 꿈과 삶이 누군가에게 이해받지 못할 때. 오해와 말다툼으로 사이가 틀어져 버렸을 때. 평생 함께 있고 싶던 사람과 이별했을 때.

우리는 순간순간마다 크고 작은 외로움과 쓸쓸함을 맞닥뜨린다. 그리고 허전함과 슬픔에 방황한다. 혹은 어딘가에 소속되어 있으면서도 소속감을 느끼지 못한다. 마치 무리에서 튕겨 나간 파편처럼. 쓸쓸하게도 그 감정은 매번 다른 상황의 가면을 쓰고 우리를 끊임없이 시험한다.

물론 나 또한 그랬다. 적당히 분리를 즐기는 사람임에도 불구하고 일상 속 수많은 크고 작은 고독을 마주했다.

2020년 3월도 그런 순간이었다. 호주가 록다운을 시행한 뒤, 전쟁이 난 것처럼 슈퍼에 휴지, 파스타 같은 게 몽땅 사라지고, 비행기가 몇 번이나 취소되고, 룸메는 떠났고. 그 상황이 계속되자 정말 이 낯선 곳에서 무기한 고립될 수 있겠다 싶어 불안했다. 그 순간 매일 바라보던 노을이, 쏟아지던 별이 더는 아름답게 느껴지지 않았다.

그저 생존을 꿈꾸며 무인도에서 살아남는 느낌이었달까. 그럼에도 내게 그 상황을 피할 선택권은 없었다. 같은 상황을 겪는 누군가가 있다며 애써 위로해 봐도 잠시뿐이었으니까. 결국은 홀로 감정 소용돌이의 나날을 견뎌 내야 했으니까.

그 감정의 소용돌이를 빠져나온 뒤 알게 된 건, 그곳에 머물렀던 시간만큼 세상을 견딜 힘을 갖게 됐다는 것. 의지할 곳 없는 적적함을 견뎌 본 사람은 자신이 버틴 인내의 시간을 믿기에, 고독에 상처받고 아파하더라도 예전처럼 무너지진 않는다는 것.

그러니 사람과 사람 사이에서 우리를 끝도 없이 찾아오는 고독이란 아이에게 지지 않았으면 한다. 아니 오늘은 지더라도, 이전에 내가 수없이 이겨 낸 외로움과 쓸쓸함을 떠올리며 다시 힘을 냈으면 한다. 그리고 그 감정의 소용돌이를 용감하게 빠져나왔으면 한다.

설령 그게 한평생 계속될 싸움이 될지라도.

유영하다

너무도 익숙한 일상에서 아주 조금씩 변화를 마주한다. 새로운 사람을 알아 가거나, 뭔가를 시작하거나, 생각이 바뀌거나. 그때마다 마음속 숨어 있던 아이를 만난다.

그 아이를 마주할 때면 마치 바다 앞에 서 있는 기분이다. 바다가 너무나 그리웠고, 그 파란빛에 같이 물들고 싶었지만 막상 바다를 마주하면 망설이는 게. 분명 바다에 도착하자마자 뛰어들 거라고 다짐했는데 막상 바다 앞에 서면 오만 가지 생각과 감정으로 주저하는 게. 처음 마음과 달리 섣불리 들어가지 못하는 게.

사실 바다 앞에서 망설이는 건 자연스러운 일이다. 어떤 일이 일어날지, 바다의 깊이가 어떤지 그 어떤 것도 예상할 수 없으니까. 그러나 그 바다 앞에서 망설이기만 한다면 그 바다는 끝까지 닿지 못한 곳으로 남는다. 어쩌면 시간이 지나 '그때 조금이라도 들어가 볼걸, 발이라도 담가 볼걸.' 하며 후회하거나 아쉬워할지도 모른다.

그러니 바다 앞에 서게 된다면 처음 마음 그대로 바닷물을 느껴 보자. 발만 담가도 좋고, 손까지 아니 그저 손가락 하나만 담가도 좋다. 굳이 온몸을 담그지 않아도 되니까 마음 편하게 내가 할 수 있는 만큼만 바닷물을 느껴 보자.

조금이라도 바닷물을 느낀다면 그곳은 더 이상 닿지 못한 바다가 아닐 테니. 이 마음이 다음에는 무릎까지, 팔까지, 손까지 담글 수 있게 만들지도 모르니까. 그렇게 조금씩 야금야금 늘려 가다 보면 온몸이 바다에 물들어 자유롭게 유영하는 날도 오지 않을까.

시간의 흔적을 품고

새로움, 최신. 그 이름은 참 매혹적이지만 한편으로 그 자리가 부담스럽다. 나와 쌓아 온 시간이 없다는 사실에 때로는 그 자리가 낯설게 느껴져서. 거기에 흠집 나는 게 두려워 섣불리 다가갈 수조차 없어서.

그렇게 좁히지 못한 거리감에 지칠 때면 어딘가 벗겨진 페인트칠이, 처음 색을 알아볼 수 없을 정도로 바랜 색이 그리워진다. 세월의 흔적이 묻은 곳을 바라보다 보면 나도 모르게 맘이 편안해지니까.

설령 그 추억이 나의 것이 아니라 해도, 추억을 품은 곳에는 매력이 있으니까. 익숙함, 정겨움 혹은 편안함. 그 매력을 온전히 느끼는 순간 나 또한 그곳의 일부가 된다. 이미 낙서가 가득한 담벼락에 내 것도 추가하듯 그렇게.

추억으로 둘러싸인 곳은 나 또한 그 추억에 녹게 만드는 힘이 있다. 아마 내가 그랬듯 누군가 그곳에 추억을 더하고, 또 다른 누군가가 거기에 또 얹겠지. 그렇게 우리의 시간 모두 다 그곳의 일부가 되었고, 또 일부가 되겠지.

그 시간을 다 품은 넓은 아량 때문일까, 아니면 한자리에서 오랜 시간 겪어 온 시련의 흔적 때문일까, 그것도 아니면 어딘가 벗겨지고 색이 바래졌어도 그 형체를 꿋꿋이 유지하고 있기 때문일까. 추억을 품은 곳은 나를 항상 끌어당긴다.

아니, 어쩌면 그곳에 시선이 가는 건 내가 살아가고 싶은 모습과 닮아서일지도. 흔적을 가리려 페인트칠하기보단 흔적이 남는다 하더라도 있는 그대로 살고 싶으니까. 상처와 아픔의 시간 또한 지금의 나를 있게 만드는 요소니까.

내가 걸어온 그 모든 시간을 품고 나 자체로, 나란 사람으로 이 땅에 존재하고 싶으니까.

딱 그렇게 살고 싶으니까.

엄민희

@_minh22

이름 불러주는 걸 좋아하는 단순한 사람.
반려견 토비 엄마.

한 사람이라도 공감해 줄 수 있는 글을 쓰고 있다면

지금,
충분히 행복하다고 말할 수 있을 것 같습니다. :)

문제 오류

살다 보면 참 여러 가지 시험에 시달리게 된다. 인생은 OMR 카드에 담을 수 없는 문제들뿐인데, '답'을 원하는 일들이 왜 이렇게 많은지.

내 삶에도 내비게이션이 있으면 참 좋겠다. 결국 끝이 보이는 일에 속도를 내고 있을 땐, 아무 생각 없이 엑셀을 밟고 있는 나에게 "유턴하세요."라고 말해 줬으면.

눈을 감았다고 안 보이는 게 아니고, 귀를 막았다고 들리지 않는 게 아니다. 보이는 것만으로 모두 다 알 순 없다. 그래서 늘 헷갈리지만 모두가 그렇게 살아가고 있는 것일지도.

왜, 난 그때 용기가 없었을까?
왜, 난 그때 열정이 없었을까?

어떻게 상황이 변했든 내가 숨 쉬고, 생각하고, 살아가는 지금이 나의 최선이다. (아마) 최선이었고, 최선이고, 최선이 되어 있을 것이다.

뒤돌아봤자 다시 잡을 수 없는 지난 기억일 뿐. 더 이상은 그 무엇도 아니다. '답'은 늘 있지만, 그게 늘 '정답'은 아니다. 나는 나대로, 자신을 믿고 나아가면 그만일 뿐. 누구나 최선을 다하며 살아가지만 조금의 미련은 있기 마련이다. 사람은 신일 수 없으니까. 미련은 남을 수 있지만 후회는 하지 않게. 다른 사람들이 뭐라고 해도, 난 나름대로의 최선을 다했으니까.

'나름대로의 기준'이라는것이 때에 따라 게을러 보일 수도 있고, 또는 성의 없어 보인다고 손가락질 받을 만한 일일지도 모르겠지만, 결론은 그게 내 최선이다.

누군가 나에게 내비게이션처럼 "이쪽으로 가는 게 맞아, 저쪽으로 가는 게 맞아."라고 이야기해 주면 참 편하고 좋겠지만, 그렇게 얘기해 준다고 해도 사실 난 그냥 직진을 하지 않을까?

처음부터 타인의 말을 듣고 싶지 않았던 걸지도 모르겠다. 이미 내 정답은 내가 알고 있으니까. 확신이 없었을 뿐. 설령 다시 유턴해야 할 길을 가고 있을 지라도, 끝이 보이는 길을 걸어가고 있을 지라도 일단 내 믿음에 대해, 내 행동에 대해 확신을 가지자. 그래야 지나간 일에 뒤돌아보는 일은 없을 테니까.

마음의 깊이

언젠가 그렇게 될 거라는, 이루어질 거라는, 변하게 될 거라는, 막연하지만 그런 기대, 그런 상상, 그런 희망. 이게 바로 지금을 버틸 수 있는 유일한 지푸라기.

가끔은 구체적이지 않아도 된다. 가끔은 조금 무책임해져도 된다. 내가 모든 걸 다 떠안고 그 무게에 짓눌려 허덕이기보단 다른 이가 손 내밀어 줄 때 까지 기다리는 것도 잘못된 방법은 아니니까.

지나고 보면 정말 별것도 아닌데. 괜히 쓸데없는 자괴감에 빠져 나를 자책하고 그 상처에 아파한다. 마치 일처럼, 인간관계처럼, 그저 그런 사람처럼. 그냥 지나갈 수 있는 것들에 스스로 발목을 옭아맨다.

어쩔 땐 모든 걸 쥐고 있으려, 가지려 하지 않고 놓아줄 수 있는 여유로움이, 선함이 더 강하다. 강한 것은 깊다. 깊고, 웅장하다. 얕은 웅덩이는 작은 떨림에도 마치 큰일이라도 난 듯 유난을 부리지만, 바다는 묵묵하게 떨림마저 삼킨다.

나는 웅덩이로 살 것인가, 바다처럼 살 것인가.

Once

아주 가끔, 잊고 살다가도 떠오르는 사람들이 있다. 지금의 관계와 상관없이 그저 좋았던 옛 기억들이 생각나서 웃음이 날 때도 있고, 그 사람을 정말 미워하고 증오했던 생각이 나서 뜬금없이 화가 나기도 한다.

그런데 이런 복잡한 기억을 뚫고 꼭 드는 생각이 있다. 돌이켜 보면 이게 전부 '내 탓'이라는 생각.

그때 내가 조금만 더 마음의 문을 열었더라면, 조금만 더 그 사람 입장에서 생각해 보았더라면. 난 왜 다른 사람이 나를 먼저 이해해 주기를, 똑같이 서로에게 잘못을 해도 그 사람이 먼저 손 내밀어 주기를 바라며 그냥 남의 일 보듯 가만히 앉아 기다리기만 했던 것일까?

내가 손 내밀어 주기를 기다렸던 만큼, 상대방 역시 내가 손 내밀어 주기를 기다렸을지도 모르는데…. 용기 없는 상대방을 탓하며 용기 없는 나를 두둔하던 날들.

아주 적은 시간 만난 사람이라 할지라도, 인연이라는 이름 아래의 만남은 아주 소중한 것. 그것이 설령 만나 온 시간보다 더 오래 지속되지 못하고 스쳐 지나가 버리는 순간의 기억으로 남을지라도, 간직할 수 있는 추억이 있다는 것은 굉장히 가치 있는 일이다.

새로운 인연을 기대하기보다는 주변의 내 '인연'인 사람들에게 더 많은 애정과 관심을 가져 줄 수 있는 능력이 필요하다. Once의 사전적 의미는 '(과거의)언젠가', '한때' 이전에 이미 지나가 버린, 한때 스쳐 가 버린 인연들에 대한 기억 또는 교감.

앞으로 일어날 일들이 언젠간 또 다른 Once를 만들어 낸다. 이전에도 그랬고, 지금도 그러하고, 앞으로도 계속. 물론 우리가 맞이하는 매시간, 모든 인연들과의 순간들이 행복한 기억은 아닐 수도 있다. 하지만 힘들었던 그 순간마저 지나고 나면 행복이었다는 것을, 그 순간이 나에게 있어 충만함을 주지는 못했다 하더라도.

단지 '그런 순간'이 나에게 있었다는 것. 단지 '그것'을 소중히 간직해야 한다는 것을 잊지 말도록.

모 아니면 도

시간이 지나면 누구나 어른이 되는 줄 알았다. 대체 어른이란 뭘까? 무언가를 선택한다는 것은 나이를 먹을수록, 세월이 흐를수록 더 힘든 일이다. 내가 처음부터 하고 싶은 일이 있었다 해도 막상 그걸 선택하려고 하면

'과연 이게 나에게 이득이 될 수 있을까?'
'혹시 다른 선택이 더 좋은 결과를 낳지 않을까?'
'조금만 기다려 보면 더 좋은 선택권이 주어지진 않을까?'
'…….'

끝없는 질문과 생각의 연속. 그리고 결론은 딱 두 가지. 선택에 대한 후회를 하거나, 안 하길 다행이었다고 느끼거나. 언제부터 나는 '꿈'보다 '이익'을 먼저 생각하게 되었을까. 어른이 된다는 건 그래서 더 힘든 일일까? 나이가 한 살, 두 살 더 찬다고 해서 어른이 되는 것은 아닌가 보다.

시간이 흐를수록 내 주관이 더욱 선명하고 뚜렷해질 거라 생각했다. 하지만 철모르고 그저 '꿈' 하나만 생각하며 앞만 보고 달리던 때가 더 현명했을지도 모르겠다. 뭐든지 시작도 해 보기 전에 미리 걱정을 하고, 다른 사람도 아닌 내 스스로가 앞길에 대해 벽을 설치해 버린다.

그리고는 매번 '왜 나만?', '왜 나는?' 이라는 생각으로 불합리한 상황을 탓하며 늘 '어떻게든 되겠지.' 하는 마인드. 고쳐야 하는데 그게 쉽지가 않다. 아는 것이 더 많아지고, 경험이 더 많아져서 생각의 폭이 깊어진다는 것은, 어쩌면 더 좋은 선택을 위한 현명함이 되어 주는 게 아니라, 소위 말하는 '계산적인 사람'이 되는 거름이 되기도 한다.

행복의 상대성

SNS가 발달된 시대를 살고 있는 지금, 내가 알고 싶지 않은 다른 이들의 행복한 모습이 눈에 차고 넘친다. 난 여기 그대로 있는데, 전혀 불행하거나 행복하지 않을 게 없는데, 상대적으로 내가 행복하지 않다는 느낌이 들 때가 많다. 재력, 스펙, 인맥, 취미 활동, 기타 등등…. 남과 비교했을 때 내가 행복하지 않은 것 같다고 느끼는 건 불행한 게 아니라 그보단 조금 불편한 상황일 확률이 높다.

불편은 불행이 아니다. 내 행복은 남들과 비교되어서는 안 된다. 행복은 절대적인 게 아니라 상대적인 것이기에, 다른 것에 비추어 내 행복의 무게를 저울질할 필요가 없다는 말이다. 행복은 겉으로 알 수 없다. 그렇다고 겉으로 드러낼 필요도 없다. 내가 느끼는 지금 이 소소한 순간들도 행복하다고 느끼면 그뿐. 비교하고, 순위 매기고, 저울질할 필요도, 기준도 필요 없다.

행복은 성적순이 아니니까.

민들레

땡볕 아래 더벅머리, 홀로 덩그러니 놓여 있는 민들레 한 송이. 바람이 불지 않아서일까? 솜털 달린 씨앗들이 날아가길 바랄 텐데. 안타까운 마음에 바람을 후~ 분다. 나름 도움을 줬다고 생각하며 뿌듯해하기도 잠시, 더 멀리 날아가기 위해 작은 바람은 외면한 채 더 큰 바람을 기다리고 있었을지도 모른다는 생각.

내 결정이 항상 옳지 않음을 알기에 섣부른 판단으로 실수한 게 아닐까 싶은. 한 뿌리에서 났지만 어떤 민들레는 이미 씨앗을 멀리 날려 보내 잎이 하나도 없고, 어떤 민들레는 하나는 이제 막 싹을 틔운 노란 꽃으로 남아 있다.

혹시, 난 이제 막 싹을 틔운 노란 민들레인데 빨리 씨앗을 날려 보내고 싶은 생각에 초조해하는 건 아닐까. 누가 후~ 하고 불어 주길 바라면서.

바람을 기다리는 그 시간이 초조해서 지금 내가 틔운 노랗고 예쁜 꽃잎을 보지 못하고 있다. 기다리고, 참고, 인내하자. 언젠간 나도 바람을 타고 멀리 떠나는 민들레 씨앗처럼, 이 순간을 하나의 추억으로 남기고 **훨훨 날아갈테니.**

나를 찾는 전화

한번은 한밤중에 뜬금없이 전화가 걸려 온 적이 있다. 전화의 주인공은 바로 '그때 당시' 가장 가까웠던 사이의 아이. 무작정 집을 나왔는데 들어가기 싫다며 발만 동동. 나도 그땐 어렸기에 이야기를 들어 주는 것 외엔 해 준 게 없었다.

가끔 그 아이 생각이 난다. 만약 어느 날, 내가 갈 곳이 없고, 의지할 곳이 없어 막막할 때 누구에게 S.O.S를 보내야 하는 것일까? 물론 누구에게나 그런 사람은 드물겠지만.

내가 필요로 할 때, 만사를 뒤로한 채 나를 위해 달려와 줄 그런 사람이 과연 나에게는 몇 명이나 있을까? 그리고 난 누군가에게 그런 사람이 될 수 있을까?

이제 그 애와도 연락이 끊긴 지금, 문득 그때 일을 떠올리면 그 애가 고맙다는 생각이 든다. 자신이 가장 힘들 때, 주저 없이 먼저 찾아 준 게 나였으니까. 한때는 누군가에게 난 그런 존재였으니까. 그렇게 생각해 주었다는 것이 '고마웠다.'

안녕(安寧)하다

눈을 감았다 뜨면 아무것도 보이지 않는다. 온통 암흑뿐이라는 두려움에 도로 눈을 질끈 감는다. ……. 다시 뜨면, 보이는 건 역시 어둠뿐이다.

처음부터 어둠에 익숙한 사람은 없다. 지금은 두렵고, 칠흑같은 어둠뿐이지만 조금씩 눈을 깜빡이면 보이지 않던 것들이 하나둘 보이게 된다. 그리고 전혀 찾을 수 없을 것만 같았던 작은 빛을 맞이하게 된다.

기쁜 날이 있으면 슬픈 날도 있고 비 온 뒤에 해는 더 강렬하게 비친다. 드라마에 나온 말처럼, 사람은 죽을 것을 알면서도 열심히 살아간다. 그 큰 죽음이라는 공포 앞에서는 모든 걸 잊고 오늘을 위해 뛰고 또 달리면서, 정작 빨리 잊어버려야 할 걱정과 고민을 대할 땐 늪에 빠진 어린 새처럼 버둥거리기만 한다. 그 상처와 슬픔들이 언젠간 사라질 것이란 걸 알면서도.

지금의 이 슬픔과 아픔과 상처들이 모여 더욱 강하고 밝은 나의 미래를 만들어 준다는 것에 오히려 감사해야 하지 않을까, 싶은 새벽.

힘내자. 막연하지만, 모든 게 다 막연한 게 우리의 매일이니까. 어제처럼, 오늘도 안녕히.

비 오는 날

난 예전부터 비 오는 날이 굉장히 좋았다. 비가 오면 밖에 나가는 것도 좋았고, 비 냄새가 나는 것, 비 오기 전에 하늘이 노랗게 변하는 것과 바람이 부는 것, 비 내리는 소리 모두 다.

비가 오면 나만의 공간이 생기는 것 같다. 우산이라는 작은 공간 안에서는 오직 나만 있을 수 있으니까. 그때만큼은 나만 그런 게 아니라, 다른 사람들도 모두 다 '혼자', '오직 자신만을 위한' 공간에서 시간을 보낸다. 그래서 난 혼자 있지만 외롭지 않다는 느낌이 든다. 다른 사람들도 다 똑같은 거니까.

근데 요즘은 정말 이상하다. 비 오는 날이 아직도 좋긴 한데, 다 좋은데 비가 오면 부쩍 외로움을 느끼는 것 같다. 지금 내가 무슨 생각을 하고 있는지, 내가 어떤 마음을 갖고 있는지, 아무도 모르게 나 혼자 무언가를 한다는 게 참 좋았는데 너무 쓸쓸하고 슬픈 생각만 하게 된다. 굳이 내 기분을 표현해서 누군가 알아주길 바라는 어린애처럼.

누군가를 생각한다는 건 말이지 정말, 어쩌면 너무 혹독하고 잔인한 일이다. 잊어버려야 할 기억들은 또렷하게 기억나고 잊지 말아야 할 기억들은 한순간에 잊힌다.

여전히 비가 오랫동안, 많이 내리는게 좋다. 빗소리를 듣는 시간이 좋고, 여름은 싫지만 장마가 있어 여름비도 참 좋다. 근데 지금은 내가 너무 장대비에 갇혀사는건 아닌가 싶은 생각이 들 때가 있다. 빨리 소나기로 끝났어야 할 일들을 억지로 붙들고 있는 건 아닌가싶은. 지금 나의 모든 이 고민, 생각, 걱정들이 시원하게 쏟아붓고 다시 맑아지는 소나기 같은 것이었음 정말 좋겠다.

마이너스 N 극

하루에도 수십 번씩 기분이 오르락내리락. 맨날 이것저것 투정만 부리고 내가 해 준 만큼 다시 돌려받길 바라고. 날 좋아해 주는 사람들이 옆에 있는데, 내가 정말 사랑하는 사람들이 옆에 있는데, 맨날 그 이상의 '특별한 무언가'를 기대했다.

멀리 있는 행운에 눈이 멀어 바로 앞의 행복을 보고도 못 본 채 그렇게 지내 왔던 것 같다. 소중한 사람을 잃는다는 것이 얼마나 가슴 아프고 슬프고 힘든 일인지 몇 번이나 경험해 봤으면서도, 아직도 사람 대하는 게 참 서툴다.

문득 내가 투정 부릴 수 있는 누군가가 있다는 것에 너무도 감사하고, 행복하고, 눈물이 날 것 같은 날. 혼자 있어도 혼자가 아닌 것처럼 마음이 따뜻한… 그런 날이다.

오늘도 그저 막연히 주문을 걸어 본다.

행복하자.
행복하자.
행복하자…. :)

아무것도 아닌

많은 사람들 속에서 웃고 즐거워하고 집에 들어와 방문을 닫고 책상 앞에 앉았는데 긴 하루를 돌이켜 보니 내게 남은 건 아무것도 없음을 느낄 때.

매일 마주치는 수많은 인연들 가운데 내가 지치고 힘들 때 주저 없이 전화 걸어 하소연할 수 있는 사람이 몇 안 된다는 것을 알았을 때.

생각 없이 던진 말 한마디와 무관심에 혼자 상처를 받고 끙끙거리고 있음을 느낄 때.

나를 진정 필요로 하는 사람에게.
수많은 가짜들 속, 진짜를 찾는 일은 언제나 고달프다.

Lily

나에게 좋지 않은 일이 생겨도, '오늘은 일진이 안 좋네? 내일은 더 나을 거야!'라며 털어 버릴 수 있는 그런 작은 용기.

내 모든 상황이 어떻게 돌아가고 있는 것인지 나조차도 헷갈리고 우왕좌왕 갈피를 못 잡고 있어도, 누군가의 말마따나 '이것 또한 지나가리라.'라고 생각하면, 어찌나 이 뜨거운 낮은 활기차고 이 시원한 밤은 고요하고 아름답기만 한지.

힘들고 지쳐도 내 어깨에 손을 올려 토닥여 줄 수 있는 사람, 징징 우는 표정을 넣은 문자 한 통에도 부리나케 전화해 주는 사람,

내가 돌아갈 집이 있다는 것, 편히 쉴 수 있는 침대가 있다는 것, 듣고 싶을 때 들을 수 있는 목소리가 있다는 것, 목이 마르면 물을 마실 수 있다는 것, 그냥 그 사소함 자체에도 늘 새롭고, 감동을 받는 일상생활.

이 행복이 깨지면 정말 무너져 버릴지도 모른다는 생각에 사실 두려움도 생기지만 두려움도 잠시, 또 뒤돌아보면 웃음 지을 수 있는 이 순간이 있다는 것이 정말 감사하고 소중하고 마냥 좋은…. 순간이 아닌 영원이 될 수 있도록, 마음가짐을 다시 한번 다잡아 보는 그런 밤.

Against

나에 대한 모든 것을 이해해 달라고 한다면 내 욕심이고 내 모든 것을 이해해 주는 것이 어렵다는 걸 알고 있다.

하지만 나에 대해 이해해 주려는 조금의 노력조차 없이 내 자체를 이해하지 않고 억지로 바꿔 놓으려고 한다면, 난 아마 조금씩 다듬어 맞춰 나간 마음이 아니라, 그 모양을 내기 위해서 칼로 조각내어 만든, 조각나 여기저기 상처가 나 버린 모습이 될 거라 생각했다.

그리고 날 그렇게 자신의 틀에 맞춰 조각내려고 했던, 어쩌면 이젠 내 마음 밖으로 나가 버린 그런 사람들을 깨끗이 내 손에서 놓아 버릴 수도 있겠다는 마음도.

몇 번이나 많은 사람을 만나고 헤어지기를 반복하면서도 아직도 누군가의 마음을 헤아리기란 어렵다. 많은 사람들로 인해 많은 상처를 받았지만, 거꾸로 생각해 보면 나 역시 많은 사람들에게 상처를 주었던 날들.

"시간이 지나면 다 해결되겠지." 이 말이 틀린 건 아니지만 자꾸 시간에 의지하는 건 무슨 심보일까. 계속 앞만 보고 달리다 보면, 내가 밟았던 작은 돌멩이들이, 내 발에 걸렸던 나뭇가지들이 더 이상 생각나지 않을 거야.

조금은 알 것 같다. 힘든 일이 있을 때, 무조건 답을 얻으려고 내 자신을 괴롭히기보단 그냥 무심하게 지나쳐 버리는 일도 꼭 나쁘지만은 않다는 걸. 사람, 친구, 인연에 대해 일에 치이고 바쁘게 살아가다 보니 예전만큼이나 소통이 원활하게 되지 않는다는 건 사실이다. 얼굴보고 온기를 느끼며 대화하던 모습은 모니터 안 화면으로 대체된 지 이미 오래.

내 곁에 남을 사람은 분명 남게 된다는 말. 바닷물이 들어왔다 빠질 때에도 많은 모래가 휩쓸려 가 버리지만, 손 안에는 고운 모래가 남아 있는 것처럼. 그렇게 나의 '인간관계' 또한 많은 인연들이 스쳐 지나가도 아무리 거센 파도가 몰아쳐도 결국 내 곁에 남을 사람들은 자리를 지키고 기다려 줄 거라고 생각했다. 근데, 그게 아니더라. 내가 준 만큼 돌려받지 못하면 섭섭한 마음이 드는 건 사실이지만 소중한 인연을 잃고 싶지 않아 내 나름대로 많이 애썼다.

이제는 '친구와 친구'가 아닌 '사람과 사람' 사이로 누군가를 만나야 한다는 생각이 자꾸 든다. 조금은 서로에 대해 조심스러워해야 한다는 그 사실이다. 나쁜 마음이라는 걸 잘 알지만, 변해가는 나의 인연들에 대한 내 마음은 '이해'보다는 '실망'이 커져 버렸다.

그냥 내가 바라는 건, 내가 널 소중히 생각하고 아끼는 만큼 네가 조금이라도 날 생각해 줬으면 하는 거야. 단지 그것뿐인데, 마음을 얻기란 참 힘든 일인 것 같다.

꽃

나비를 찾기 전에 먼저 꽃이 되자
향기로운 사람이 되자

기쁨이 넘치는 사람
매사에 모범이 되는 사람
감정보다는 이성이 앞서는 사람
생각이 깊은 사람

사랑받기 위해 먼저 사랑할 줄 아는 사람

다른 사람의 상처를 감싸 안아 줄 수 있는
그런 사람

예민한 사람은 24시간이 피곤하다

무심결에 손을 보았는데 종이에 베였는지 '웬 피가 나지?' 하고 자세히 들여다볼 때가 있다. 조금 전까지 괜찮았는데, 분명 아무 느낌도 들지 않았는데….

'언제 베였지?', '왜 자꾸 따끔거리지?', '은근 신경 쓰이네.' 하는 쓸데없는 생각들이 머릿속에 차오른다.

몸의 상처도, 마음의 상처도, 다 이런 게 아닐까 싶다. 가만히 두면 자연스레 새살이 돋아날 텐데, 내가 '아, 상처다.'라고 인지하는 순간부터 그건 정말 '상처'가 되는 것. 그리곤 '왜 안 낫지?', '어쩌다가 이렇게 됐지?' 하며 작은 상처 하나에 연연하고 허덕이는 나를 자책하며 쓸데없이 골머리를 앓게 된다.

그냥 지나갈 수 있는 일은 흘러가게 두자. 끝내 알아채지 못했다면 결국 아무 일도 없었던 거잖아? 왜 그런 사사로운 것이 눈이 멀어 내 앞에 있는 즐거움과 행복을 느끼지 못하고 마음을 갉아먹고 있는 걸까.

예민한 게 잘못은 아니지만 그 예민으로 인한 피로감은 온전히 내 몫이 되어 버리니 그게 문제다. 감당할 수 있는 피로도 있다. 감당할 수 있는 상처도 있다. 하지만 굳이 감당하지 않아도 될 것들을 우리는 너무 많이 감당하며 살아가는지도 모르겠다.

글쓰기가 좋은 이유

글을 다듬는다. 처음에 쓴 의도와는 다르게 점점 글이 한 자, 한 자 정리되면서 마음도 차분하게 가라앉는다. "내 스스로 감정을 절제할 줄 알아야겠구나." 하고 느낀다. 모음과 자음이 뒤섞여 어떤 말을 만들어 낼지, 어떤 글로 누군가를 찌르고 또는 누군가를 미소 짓게 만들지 나조차 가늠할 수가 없다.

나는 변덕이 심하다. 그래서 글쓰기가 참 좋다. 글을 쓰다 보면 내가 갖고 있던 생각들이 사실은 내 자신조차도 속이고 있는 껍데기일 뿐이었다는 거, 내가 갖고 있는 마음들은 사실 그 사람을 미워하는 것도 아니고, 그 사람을 좋아하는 것도 아니고, 그저 있는 그대로의 '내 마음'이라는 걸 알게 된다.

음악을 들으면서, 그림을 감상하면서 마음을 치유한다는 사람들처럼. 잠시 갈 곳을 찾지 못하고 방황하던 생각들을 붙들어 준다. 나도 글을 쓰며, 글자를 다듬으며, 생각을 정리하고, 마음을 치유한다. 글이란 게 참 재미있는 것 같다. 가끔은 빠삐용이 되어 버린 나의 유일한 탈출구이자, 때로는 유목민이 되어 버린 나의 유일한 안식처가 되어 준다.

서리울

@ice_lune_

따듯한 것에도, 타격에도 쉽게 녹고 깨지지만
항상 무언가를 동경하며 닮고 싶어 합니다.

도서관의 편지

책에 뒤덮인 채로 살고 싶었던 시절이 있었다. 낡은 책의 냄새, 혹은 책장 사이 내린 그림자에 기대어 시간을 세던 시절이 분명히 소년에게도 있었다. 이제는 책장 사이에 일부러 찾아 들어가진 않지만.

학교에서는 흔하다고 할 수 있던 미닫이문을 열면, 새벽 공기가 드르륵 소리와 함께 도서실로 들어섰었다. 새벽 6시의 도서실은 책들 탓이었을까 쿰쿰한 느낌이 들곤 했다. 그림자가 지기에도 이른 시간이었기에 밤새 꺼져 있던 전등을 켜면 형광등 반짝이는 소리가 책들을 반겼었다. 한편에 쌓인 어제의 이야기들을 정리하다 보면, 도서관 바깥에도 전등이 켜지기 시작했다. 매일 새롭게 바뀌는 이야기를 들춰 보는 것도 재미있었지만, 그 이야기들의 빈 자리로 보이는 다른 책들의 표지를 구경하는 것도, 어떠한 보물을 찾은 것과 같은 기쁨을 주었다. 새로운 책을 도서관에 들여놓았을 때는 손때가 타는 것을 지켜보는 재미 또한 있었던 것 같다.

교실에서 책을 읽는 사람은 소년밖에 없었다. 때때로 만화책을 읽는 사람은 있었지만, 교실과 도서관의 구분만큼이나, 교과서 외의 책은 교실로 쉬이 들어오지 못했다. 그래서 그녀의 책상 위의 추리소설은 고전문학을 읽던 한 소년의 책장에 새로운 장르의 책이 꽂히게 되는 계기가 되었을 것이다.

어쩌면 소년이 소녀를 그보다 오래전부터 좋아하고 있었을지도 모른다고 생각하게 된 건 그녀가 읽던 책을 뒤쫓아 읽기 시작하면서부터였다. 새로운 것을 알게 되는 기쁨보다도 그녀와 새로운 대화를 할 수 있지 않을까 생각하는 것이, 그녀의 책장에 꽂힌 책과 같은 그것이 내 책장에도 꽂혀 있다는 동질감 혹은 자그마한 동경이 소년의 마음속에 피어났다.
사랑은 책장을 넘기는 것만큼 순식간에 지나가 버렸다. 연예인이나 다른 만날 수 없는 사람을 보는 것처럼 그녀를 동경하되 사랑하는 것이 아니었다는 것을 깨달았을 때쯤에는 소년은 수많은 이야기를 읽었으며 수 편의 시를 적은 후였지만. 전달한 적 없던 마음은 뜯지 않은 편지 봉투처럼, 편지 한 장의 무게도 되지 않았을 테니까.
도서관의 아침은 매일 새로웠다. 어제 읽은 이야기를 오늘 다시 읽는 사람보다는 다른 이야기를 읽는 사람이 더 많았고, 지나간 사랑 이야기보다는 새로운 사랑을 찾는 사람이 많았기에,
옛이야기가 가득한 도서관 어딘가에 수신인 없는 편지 한 장 적어 두었을지도 모르는 일이었다.

음악실의 편지

수업이 시작되기 전 자습 시간에는 상쾌한 음악 소리가 들리곤 했었다. 음악실에서는 클래식이 언제나 유행했으며, 추억도 기억도 클래식이 되어 가는 늦은 봄이었다.

너를 처음 보았던 때가 아직도 기억이 나. 우연히 듣게 된 오케스트라 연습에 유난히 잘 들리던 너의 바이올린을. 그 연주를 듣기 위해 짧던 그 계단을 느리게 지나왔었고, 음악실 문에서 몇 발짝 떨어지지 않은 곳에서 숨죽이고 있었지.

불행인지 다행인지 내 인기척을 선생님이 눈치챘고, 나는 넘어갈 수 없을 것 같던 그 문을 넘었어. 처음 며칠은 그냥 음악을 듣는 것에 만족하다가, 마침 첼로 연주할 사람이 필요했기에 나는 오케스트라에서 너와 함께 연주할 수 있었지.

'호흡을 맞춘다.'라는 말이 있잖아. 짧다면 짧은 1년간의 오케스트라 그 순간, 우리는 하나의 생명체가 되어 음악을 유영했는지도 몰라.

너에게 말한 적은 없지만 사실 나는 피아노를 좋아했었어. 오랫동안 피아노를 연주하기도 했었지. 그래서 피아노 치는 사람이 좋다는 네 말에 내심 기대했던 적도 있었어. 네 피아노 실력이 나보다 뛰어나다는 것을 알기 전까지 말이야.

아직 나는 클래식을 들어. 피아노 앞에서 보냈던 시간보다 더 많이.

통증

성장통이다

사람으로 자라나지 못한 이의
손목에는 아가미가 난다

끝없는 바다 깊숙이
깔리고 쓸려서
심해의 물거품이 되어 가는

심해의 인간은
숨을 쉰다

들숨에 눈물을 집어삼키고
날숨에 핏물을 뱉어 내는
심해의 인간은

숨 쉬는 게 익숙하지 않은 것인지
숨 쉬는 걸 포기한 것인지

손목이 아픈 것이
나도 아가미가 나려나 보다

패션

언제나 죽을 것 같았던 나였다. 딱히 삶에 의욕은 없었고, 항상 나를 좀먹는 정신이 언제든 나를 괴롭혔다. 기억나지 않았으면 했던 것은 기억나고, 기억해야 할 것은 어느 때건 잊혔다.

우울함이 패션이라면, 나는 노란색 우울을 즐겨 입었다.
그 감정이 해져 구멍이라도 나는 날에는 그 구멍으로 비가 들이쳤기에, 다른 우울을 덧대어 입었다.

즐겨 입는 색 따위 있을 리가 없었다. 전부 마음에 드는 것 없이 그저 낡아 버려 유행에 뒤처진 감정일 뿐이니까.

두서없이 글 위를 걷다 보면 종종 이 무거운 감정들이 덜어질 때가 있으나 항상 좌절하고야 만다.
내가 나를 이해하지 못하는 것, 나를 잃는 것, 감정에 조종당할 뿐인 옷걸이를 보면, 항상 못 죽어서 안달이었다.
칼, 가위, 언제나 겁쟁이였던 나는 피를 볼 줄도, 예술이 무엇인지도 모르기에. 삶이 예술이라면 내팽개치고 도망가고 싶었다.
그럴 힘도, 용기도, 의지도 없었지만.

빈칸

글을 몇 개나 썼던가
내 마음에 글로 메워야 할 구멍이 이렇게나 많았던가

"너는 잘 살고 있을까"

밤새 비가 내릴 예정이었어
빗소리가 방 안에 울려 퍼지면
젖어 버린 꿈도 종이처럼 풀어져 버릴 거야

아무도 대답해 주지 않을 혼잣말을 볕에 하곤 해
침대에 누워 이런저런 생각을 하다가 보면
너에게든 나에게든 무소식이 희소식이겠지

그건 아마 발버둥이었을 거야

아침 해가 창문을 두드렸을 때
눈을 뜨지 않은 건 그래서였을 거야

밤새 부른 그 노래가 기억나지 않는 건
이불 속에서 숨죽여 불렀기 때문일 거야

매일 아침 망망대해를 항해하는 이유는
깨어났을 때 내 주변이 전부 잠겨 버렸기 때문일 거야

깊은 바다에 잠기면서도 우산을 쓰는 이유는
비는 맞기 싫었기 때문이야

그건, 아마 발버둥이었을 거야

애쓰다

끝을 향해 나아가는 법은 누구나 알고 있지

우리는
수많은 선택을 지나
마음에 드는 마무리를 지을 것이고

때로는
흐지부지된 채로 이야기를 결말 짓기도 하겠지
인생이 한마디의 문장으로 표현이 된다면
그 문장을 공백으로 비워 버리는 사람도 있겠지
까맣게 비어 버린 비석 위에

누군가는 가르침을 얻을 것이고
누군가는 가르침을 베풀 것이고
그러니 우리가 모르는 것을 가르치기 위해
애써 배울 필요는 없겠지

영향

태양은
따듯한 밤을 잡아먹고
차가운 낮을 뱉어 냈다.

어두운 공간에는 잠들 곳이 없었고
밝은 공간은 날카로워 발 디딜 곳 없었다.

밤을 밝히는 법은 알아도
낮을 밝히는 법은 배운 적이 없었기에

손에 들린 태양을 바라보면
항상 등 뒤에 그림자가 졌다

좋아하는 것

상어를 좋아하지만
어쩌면
이빨도 날카롭지 않고
사람을 물지도 않는 공상 속의 상어를 좋아하고 있을 뿐

무언가를 좋아해야 하는 세상에서
아무것도 좋아하지 않을 수는 없으니
어디선가 마주했던 상어를 좋아한다고 말하다 보니
어느새 좋아져 버렸지만

아무리 생각해 보아도 좋아할 이유가 생각나지 않는
과거의 내 행동에 대한 의문과
약간은 사소한 후회

산타클로스

언젠가부터 크리스마스트리를 장식하지 않았다
언젠가부터 오지 않을 산타를 기다리지도 않았다
언젠가, 그 언젠가부터 어른이 되었다고 생각했다

그리고 시간이 조금 더 지났다

이제는 크리스마스트리를 다시 꺼낸다
이제는 산타가 있다고 말한다

그리고 작은 선물을 하나 준비했다

먼저 어른이 된 미안함과
네가 조금만이라도
더 늦게 어른이 되었으면 하는 마음에

그렇게 작은 거짓말 하나를 한다

글을 쓴다는 건 그리워한다는 것

글을 늘여 적으면 그리움이 진해지는 것은 그런 까닭이었다.
무언가를 잊지 못해 풀어 쓰는 이야기는 얼핏 보면 아무 내용이 없었지만,
조심스레 펜을 얼기설기 엮다 보면 서서히 형태를 갖추어 가기 마련이었다.
이 글이 선물이 되었으면 좋겠다는 마음으로 글을 쓰기 시작했다.
미래의 나에게든, 과거의 너에게든, 전하지 못해서 아름다웠던 많은 말들은
사실 아쉬움이라는 내용물을 감추기 위한 예쁜 포장이었을 뿐이라는 것을.
다시는 이어지지 않는 이야기를 멋대로 해피 엔딩이라고 결론지어 버린 누군가의 과거에 대해서도,
여러 가지 가능성을 뒤로 하고 도망쳐 버린 겁쟁이의 그림자에 관해서도,
포장지만 바꾸었다면 제시간에 도착했을 단어 혹은 문장들은
이곳저곳 뜯긴 포장과, 추억이 여기저기 뒤섞인 채 버려져 있을 뿐이겠지.

허전함

밤은 고독하여서 아늑합니다
그렇기에 외롭고 쓸쓸합니다

비가 오는 밤이면 왜인지 외로운 감정이 더욱이 사무칩니다

하늘의 별에 괜히 그리운 이름을 붙여 보다가

비와 함께 땅으로 추락하는 것을 보니 고개를 쉬이 들 수 없습니다

빗물이 자꾸만 하늘을 가립니다

빗물이 자꾸만 물웅덩이에 파문을 일으킵니다

그런 밤이 고독하고 아늑해서

자꾸 없는 빗물을 만들어 냅니다

꿈과 글의 상관관계

글을 쓰는 것은 꿈을 꾸는 것과 같다.
첫 단어를 쓰는 순간부터 어떻게 시작되었는지도 모를 꿈에 빠져들어서 이상함을 느끼지 못하고 계속해서 그 세계를 탐미하는 것이 꼭 꿈을 닮았다. 화려함에 혼을 빼앗겨 버렸기에 '여기서 이 단어가 나오면 이상할 텐데.'라는 생각도 하지 못한다. 꿈속에서는 몇 번을 죽어도 끊어지지 않고 명줄을 이어 가기에 깨기 전까지는 아무리 이상한 상황이라도 이해를 건너뛰어서 받아들이게 되는 것이 꼭 글과 같다.

이루어지지 않을 꿈을 이루는 것은 꿈속에서라면 가능할 것이기에, 달걀을 낳는 달걀도 가능할지도 모른다.
아침이 찾아오면 우리는 이 낙원에서 결국 추방당하게 될 것이기에, 최대한 미적거리며 다음 단어를 생각해 내야만 하는 것이다.

꿈에서 깨어나면 서서히 단어를 잊어 가는 것처럼, 글에서 펜을 놓는 순간 뒤틀려 가는 단어들 속에서 내가 쓰려고 했던 글들을 잊어 가게 될 것은 자명한 사실이었다.

이상하고 아름다운 글을 발견하게 된다면, 아직 꿈에서 깨어나지 않은 글이 아닐까 하는 궁금증, 나도 저런 꿈을 꾸고 싶은 마음, 여러 가지로 혼란스러운 생각이 뒤섞여 알아보기 힘들어지면

시시때때로 우리는 꿈을 꾼다.

대부분은 깨어나면 시간의 뒤틀림 속으로 잊히는 것들이겠지만. 아침이 찾아오면 우리는 이 낙원에서 결국 빠져나오게 될 것이므로, 최대한 많은 것을 옮겨 적어야만 하는 것이다.

해피 엔딩이냐, 새드 엔딩이냐 그것이 문제로다

"해피 엔딩으로 끝낼 수 있는 것은 해피 엔딩으로 끝내자."

너는 항상 내가 쓰는 글에 관심이 많았다. 감정을 풀어 나가는 것 이외에도 주인공의 성격이나 행동에 대해 이런저런 조언을 주기도 했고. 글의 흐름이 틀어지지 않게 도움을 주었다.

네 도움을 받아 중반까지 힘차게 적던 글은 막바지에 다다라선 도착할 곳을 잃고 침몰하는 배처럼 어디론가 휩쓸려서 이야기로 풀어낼 수조차 없게 되어 갔다.

"근데 왜 주인공은 항상 말을 아끼는 거야? 아무리 1인칭 주인공 시점이라고 해도 대사가 얼마 없는 거 아냐?"
"아, 알겠다. 너 연애해 본 적 한 번도 없어서 어떻게 대답해야 할지 모르는 거지?"
"……."

네가 하는 말에 더 이상 대꾸할 필요성을 못 느꼈던 나는 마지막 문장에 힘을 쏟기 시작했다.

막바지에 힘이 부치는 것은 어디에서나 통용되는 말이었다. 모든 사건과 갈등이 해소되고 결말만 적어 내면 될 때.

내가 연필을 드는 순간, 이 세계와 나는 완전히 단절될 것이고, 나는 더는 이 세계에 간섭조차 하지 못하게 될 것이기 때문에 부리는 약간의 심술.

지금까지 써 온 모든 이야기는 주인공의 새드 엔딩을 위한 밑 작업이었다고 해 버리고, 주인공은 대차게 까이고, 실연의 슬픔을 딛고, 힘차게 살아가려나.
이제 다른 세상 사람인데 내 이야기 아니라고 하고 덮어 버리면 되려나. 일단은 주인공이 차이는 거로 해서 결말을 적고 너에게 이야기를 보여 줬다.

"야, 이 부분 하나도 말이 안 되는데 어떻게 된 거야?"

그런 내 이야기에 의문을 느낀 것인지 너는 나에게 따지듯이 반문했다.

"지금까지 이렇게 표현했는데 마지막에 싫다고 했다는 게 말이 돼?"
"해피 엔딩은 재미없지 않아? 너무 판에 박힌 듯한 느낌이고, 그냥 새로움이 없어서 나는 별로⋯."

내 답변에 잠깐 벙찐 듯한 표정을 짓던 너는 이내 이렇게 말하고는 자리를 떴다.

"너, 진짜 아무것도 모르는구나. 됐어."

그래서 결말을 뭐로 하는 것이 나을지, 아직도 나는 잘 모르겠다.

Cotton Candy Love

달콤한데 슬플 수 있을까? 달달한 것이 기분 좋게 작용하는 것은 달달한 것을 좋아하던 어린 시절의 기억 때문이지 않을까.

'그럼 슬픈 기억이 더 많다면 달달한 것을 좋아하지 않게 되려나?' 같은 생각을 하는 것은 지금 내 오른손의 솜사탕 때문일 것이다.

평소에도 유난히 생각이 많았긴 했지만, 오늘은 유난히 더 생각이 많아지는 것 같았다.

"이거 내 거지? 땡큐!"

갑작스럽게 나타난 너는 당연하다는 듯이 내 손에 들려 있던 솜사탕을 가져갔다.

지금까지 단것을 전부 너에게 양보했었기 때문일까. 사실 단것을 싫어하는 것은 아니었지만, 너는 내가 단것을 싫어하는 줄 아는 것 같았다.

"이번엔 저거 타러 가자!"

어렸을 때는 이런저런 놀이기구도 전부 재미있었던 것 같은데 지금은 그저 네가 하자는 대로 쫓아가는 것에만 급급한 것 같았다.

"자꾸 무슨 생각을 하는데 이렇게 늦게 오는 거야, 집중 안 해?"

나를 타박하는 네 목소리. 그런데도 끝나지 못한 내 생각들은 자꾸만 발걸음을 붙잡았다.

"그, 혹시 말이야 다음 놀이기구는 저거 어때?"
"대관람차? 갑자기? 그래! 저기로 가자."

갑작스러운 내 제안에도 흔쾌히 관람차로 향하는 너였다.

"내가 표 끊어 올 테니까, 솜사탕 잘 지키고 있어!"

나에게 솜사탕을 넘기고 빠르게 시야에서 멀어져 가는 너와 다시 달콤한 향을 내뿜는 너의 솜사탕. 그리고 다시 생각의 늪으로 걸어 들어가려던 찰나.

'투둑, 툭… 투둑….'

분명 일기예보에서는 비가 온다는 말은 없었지만 갑작스럽게 비가 내렸다.

"야! 표 뽑았어! 빨리 들어가자!"

비를 피해야 한다는 생각을 하던 중 네 목소리가 들렸기에 저 멀리에서부터 달려오는 너와 함께 관람차 안으로 뛰어 들어갔다.

"아, 결국 솜사탕은 못 지켰네…."

이미 푹 젖어 형체도 없이 사라진 솜사탕은 손에 녹아 끈적였다.

"있잖아, 갑자기 관람차는 왜 타자고 한 거야?"

갑작스러운 질문에 뭐라고 답해야 하나 망설이던 와중 네가 다시 말을 시작했다.

"우리 만난 지 얼마나 됐는지 알아? 보통 다른 커플들은 이쯤 사귀면….."

어느덧 관람차 안에도 퍼져 버린 솜사탕의 달콤한 향에

"너 또 딴 생각하고 있지!"

나도 모르게….

-
그 순간
우리가 들었던 것은
'탕, 탕, 탕' 혹은 '두근, 두근, 두근'
조용해진 관람차 천장을 두드리는 빗소리는 멎을 기미조차 없었고
조용하게 울리는 심장 소리 또한 비슷했다.
-

관람차에서 내린 우리는 한동안 아무 말 없이 걸었다.
나란히 걷던 손이 무안했는지 네가 내 손을 잡았다.

"끈적거려…."

네 첫마디였다. 손에 묻은 솜사탕이 아직도 끈적였던 탓이었다.

"끈적이면, 놔도 되는데."
"아냐, 됐어. 이것도 이것대로 괜찮아."
"감기 걸리겠다."
"그러게."

잠깐의 정적과, 빈 공간을 채우는 빗소리.

"내일 봐."

금세 도착해 버린 너의 집 앞에서, 또다시 입이 굳어 버린 이유는 달달한 것은 식으면 단단히 굳어 버리기 때문일 것이다.

Caramel Candy Love

솜사탕 같던 사람이 있었다. 가볍고, 부피도 크고, 달달해서 솜사탕을 좋아한다던 그 사람.

우울한 비가 내릴 때면 달달한 향만 남은 끈적한 설탕물이 되어 버리던 그 모습까지 좋아하던 때가 있었다.
더 많은 비가 내리고 달콤하던 향도 끈적거리던 설탕물까지 씻겨 버리면 처음의 그 하얗던 모습도, 달콤했던 것도, 풍성하던 모습까지도 사라져서 앙상한 나뭇가지 하나만 홀로 남아 버렸다.

불같이 타오르던 것들은 어느새 녹아서 거무죽죽한 갈색이 되어 갔다. 그런데도 달달했지만. 조금 쓰기도 했다.

사랑하던 리울에게

보고 싶다는 말부터 적기에는 하고픈 말이 많긴 하지만 역시 보고 싶다는 말이 제일 하고 싶어. 리울아, 여기에선 보고 싶은 건 더 보고 싶고 생각나지 않았으면 하는 것은 더 생각나는 것 같아. 말하는 것과 쓰는 것은 받아들여지는 형태가 다르듯, 말로 표현하던 사랑을 글로 표현하려니 막상 단어가 생각나지 않아.

사랑한다고 말하지만, 막상 얼굴조차 흐릿해 더 보고 싶은 리울아,

혼자가 되었다는 것이 믿기지 않을 만큼 네 목소리도, 얼굴도 너무 가득한데 리울아, 네 존재가 아직 내 안에 많다는 것은 아직 너를 잊지 못하고 사랑한다는 것이겠지.
계절이 지나가듯, 사랑하던 마음도 점차 단풍이 드는 것 같다. 익어 가는 계절만큼 뜨거웠던 심장이 이제는 밖에 보이지도 못할 만큼 타 버렸기에 문득 이것이 내 마음이 맞았던가 하는 생각도 들어.

구르는 돌에는 이끼가 끼지 않는다는 말을 들어 보았을 거야. 내 마음이 처음과 같지 않다는 것도 어쩌면 처음과 같은 마음이라는 뜻이 아닐까? 굴러가며 닳는 마음, 끝을 향해 가는 마음, 혹은 너를 사랑하는 방법이 변한 것뿐인.

이렇게 시간이 지나가다 보면 어느덧 네가 좋아하던 계절이 오지 않을까?

항상 편지를 적다 보면 기억나지 않는 문장 탓에 예상했던 것보다 더 많은 시간을 편지에 담아 버리게 돼. 하루를 거친 편지. 심하면 몇 날 며칠을 담은 편지. 문장 하나에도 계절이 지나 버리기도 하지.

쓰는 데에 걸리는 시간과, 이동하는 데 걸리는 시간, 그리고 읽는 데 걸리는 시간.

편지는 시간을 담아서 보내는 것이니까.

그리움이 공간에 남는 것을 알고 있니.
네가 지난 내 마음에는 벌써 그리움으로 가득 차 버렸고,
내가 지나는 곳에도 너를 향한 그리움이 점차 번져 가겠지.

어제는 비가 왔어.

오늘은 해가 쨍쨍했고,

내일은 낙엽이 뒹굴겠고

모레에는 눈이 내릴 것 같아.

네가 편지를 읽고 있을 때쯤이면 나의 마음도 여러 가지 변화를 거치겠지. 계절도 바뀌는데 사랑도 그에 맞게 옷을 준비해야 할 테니까.

태오
@txx_xh

'우리'라는 말을 좋아합니다.
나와 당신, 혹은 나와 너, 말고 우리.
각각의 두 개체가 만나 벽을 허물고
더 이상 남이 아닌 우리라는 이름의
하나가 됩니다.

우리 같이 걸을까요.
우리 같이 밥 먹을까요.
우리 같이 손잡을까요.
그것도 아니면,

우리, 서로 사랑할까요.

흘러, 흘러, 흘러

살면서 붙잡을 수 없는 게 두 가지가 있는데, 하나는 더 이상 날 사랑하지 않는다는 연인의 말꼬리고, 다른 하나는 속절없이 흘러가는 시간이래, 하던 당신 말 흘러,

속설에 따르면 기회의 신은 다가올 땐 쉽게 붙잡을 수 있도록 앞머리는 풍성하게 기르고 놓친 뒤에는 다시 잡을 수 없도록 뒷머리는 없다던데, 흘러가는 시간은 오는 것을 막을 수도, 가는 것을 붙잡을 수도 없으니 혹시 민머리가 아닐까, 하는 생각 흘러,

떠나가는 당신 뒷모습 보고 있는 동안에도 시간은 계속 강물처럼 밀려와 내 등 떠미니, 내게 등 돌린 당신 잡지 못해도, 함께하는 이 시간이라도 붙잡아 보고자 하지만, 흘러가는 시간 붙잡지 못하는 것만큼이나 이미 떠난 마음 붙잡지 못하니, 가시는 길이라도 마음 편히 가시도록 흐르는 눈물이라도 붙잡아야겠다는 생각, 눈물 대신 흘러,

흘러가는 시간 잡을 수 없다면 지나간 시간이라도 내 마음속에 잡아 두고자, 흘러가는 추억들 머릿속에 붙잡아 보지만, 그조차도 흘러가는 생각의 물결에 점차 떠내려가니, 그리운 당신 꿈결에서라도 볼 수 있을까, 이리 흘러가지만 말고, 나를 두고 돌아서는 당신의 차가움에 잠겨 죽어도 좋으니 너는 물처럼 내게 밀려오라[1], 하는 시 흘러,

우리 여름의 더위가 채 가시지 않은 가을에 만나, 아직 흘러가는 사계를 다 보지도 못했는데, 조금만 더 기다려 주지, 하며 당신 탓하는 마음 흘러,

흐르는 눈물 붙잡기 위해 중력의 힘이라도 빌리고자 고개 들어 하늘 보니, 흘러가는 시간처럼 무심하게, 하늘의 구름은 잔잔하게도 흐르는데,

멈춰 있는 것은 나뿐인가 한다.

---

[1] 이정하 시인, 〈낮은 곳으로〉 中

당신을 좋아한다는 말[2]
- 어느 겨울, 삿포로

삿포로에 가자는 말은 당신을 좋아한다는 말이라는 어느 시인의 글을 읽고는 올해 꼭 삿포로를 가리라 마음먹었습니다. 일본은 가깝다는 핑계로, 부산엔 눈이 오지 않기에 눈을 보고 싶다는 핑계로, 일본엔 여러 번 가 보았지만 삿포로는 아직 가 보지 않았다는 핑계로, 당신을 좋아한다는 핑계로.

입국 수속을 마치고 삿포로로 가는 기차를 탑니다. 기차가 역을 벗어나자 내리쬐는 강렬한 햇볕에 눈이 멀 듯합니다. 아니, 올려 쬔다 해야 할까요. 터널에서 벗어난 삿포로는 설국이었고 눈에 반사된 강렬한 햇볕은 평소보다 몇 배의 강도로 제 눈에 입사되어 시각을 마비시킵니다.

설국. 그야말로 설국. 이미 입춘을 지나 3월에 접어들었음에도 삿포로의 들판에는 아직 아무도 밟지 않은 순결한 눈으로 가득했고, 집들은 아직 녹지 않은 눈으로 하얀 털모자를 쓰고 있습니다.

---

[2] 이병률 시인, 〈당신을 좋아한다는 말〉과 동명의 제목

한국에서 본 것과는 또 다른 설경이, 온 세상 가득 쌓인 순백이, 저를 감동케 합니다. 비행기에서 읽었던 책이 슬펐던 탓인지, 햇빛이 너무 강해서인지, 순백의 세상에서 유난히도 하얗던 당신을 본 것인지, 이내 눈시울이 붉어지지만, 눈물을 흘리진 않습니다. 눈물을 통해 보는 세상은 아지랑이 흩날리듯 어지러이 퍼지기에, 이 순백을 눈에 담기 위해 기어코 참아 내고는 그저 콧등을 한번 으쓱일 뿐.

역에 도착해 간단하게 소바와 맥주 한 잔을 마시고 버스를 탑니다. 오전에 먹은 감기약에 취해 이내 곯아떨어지고, 버스는 어느새 목적지에 도착합니다. 숙소에 짐을 푼 뒤 동네를 가벼이 산책하고 다시 숙소로 돌아와 노곤해진 몸을 뜨거운 노천탕에 넣니다. 어느덧 해는 뉘엿뉘엿 뒷산 너머로 사라지고 낮도 밤도 아닌 어정쩡한 시간.

밤하늘의 별과 달을 보고 싶건만 별이 뜨기엔 아직 이른 시간이기에 나중을 기약하며 목욕을 마무리하고 자리를 옮깁니다. 때 아닌 휴식으로 따뜻한 우롱차를 한 잔, 그리고 커피를 또 한 잔 마시며 설산을 바라봅니다. 눈앞의 거대한 설산은 세상 모든 소음 끌어안은 듯 고요하고 황량하여 쓸쓸함을 더해 주지만 외롭지는 않습니다.

숙소에서 늦은 저녁을 먹으며 사케를 한잔합니다. 한 잔은 적고 한 병은 많으니 도쿠리로 한 병. 한 병으론 성에 안 차 다시 또 한 병. 그렇게 약간의 취기가 오른, 하지만 너무 취하진 않은 상태로 다시 한번 노천탕에 들어가 몸을 데웁니다. 어느새 어두워진 밤하늘을 보니 목성과 금성은 아직 이별 중이고 밝은 달이 저를 위로합니다. 술에 취해, 열에 취해, 말랑해진 저는 고요한 설산에 걸린 밤하늘을 바라보며 당신을 생각합니다.

삿포로에서까지 당신을 생각하는 저는 역시나,
당신을 좋아하나 봅니다.

나무

빈속에 약을 먹었더니 속이 쓰렸다. 다음 날도 빈속에 약을 먹어 속이 쓰렸다. 그다음 날도, 또 그다음 날도.

내 속이 아픈 이유는 당신 때문이 아니라 빈속에 먹은 약 때문이어야 했으므로 나는 하루하루 말라 가고 있었다.

이렇게 빈속으로 햇볕을 쬐고 있으면 나는 마치 나무가 된 것만 같았다. 맨발로 땅을 디디고 두 팔을 벌리면 두 발은 땅속 깊은 곳에 뿌리를 뻗고, 두 팔은 잎사귀 무성한 가지가 된다.

나는 나무가 되고 싶었다.
아무런 말도, 생각도, 아픔도 없는.

안 그래도 사랑할 것들이 넘치는 계절이라
- 어느 봄, 진해

괜스레 사랑하게 되는 것들이 많은 계절입니다. 겨우내 웅크리고 있던 나무들이 잠에서 깨어나 노란 개나리로, 분홍빛 벚꽃으로, 하얀 목련으로 생명력을 내뿜고, 잠자던 개구리가 깨어나 울어댈 준비를 합니다.

방구석에서 뒹굴기나 할 거면 꽃이나 보러 가자는 벗의 말에 벚꽃을 보러 가기로 합니다. 수염이 거뭇한 남정네 둘이 꽃놀이를 간다는 것이 퍽 여럽긴[3] 합니다만 어차피 할 게 없으니 '그러자.' 합니다. 모처럼 아침 일찍 샤워를 하고 선크림을 바르고 머리도 매만집니다. 가방 속에 처박혀 빛을 보지 못하고 있던 필름 카메라도 챙기고 친구를 만나 진해에 갑니다.

철을 맞아 만개한 벚꽃들이 온 도시를 뒤덮고 있습니다. 이 시기의 진해는 온통 분홍으로 물듭니다. 여좌천으로, 생태공원으로, 경화역으로 꽃을 보러 갑니다. 지천으로 널린 벚꽃나무만큼이나 많은 사람이 꽃을 보기 위해 거리로 나와 있습니다.

---

3) 여럽다: '부끄럽다'의 경상도 방언

화관을 쓴 애인을 사랑스럽게 바라보는 남자, 티격태격하면서도 두 손 꼭 잡고 거리를 걷고 있는 중년의 부부, 입술 굳게 앙다물고 굳은 표정이지만, 열심히 포즈를 취하고 있는 할머니를 최선을 다해 찍고 있는 할아버지까지. 참 많은 사람이 있습니다. 문득 옆에서 나와 보폭을 맞춰 걷고 있는, 사랑스럽다기엔 너무 우락부락한 친구를 보니 좀 슬퍼지지만, 그래도 꽃은 아름답습니다.

봄에 활짝 핀 벚꽃엔 슬픔이 숨어 있습니다. 봄이 진해지며 흐드러지면 흐드러질수록, 슬픔도 함께 점점 더 흐드러집니다. 봄은 생명력을 내뿜지만, 그 생명력이 너무 강렬하기 때문일까요. 그리 오래가지 못하고 스러지고 맙니다. 채 한 달도 못 되는 기간 벚꽃은 온 힘 다해 자신의 아름다움을 내뿜고 결국 꽃비가 되어 내립니다. 꽃은 필 때도 아름답지만 질 때가 더 아름답습니다.

이 벚꽃 속에 숨어 있는 슬픔을 읽는 이가 얼마나 될까요. 다른 이들은 삼삼오오 모여 예쁜 꽃을 보며 행복에 젖는데, 저는 왜 이리도 슬퍼지는 걸까요. 이별이 다가옴을 알고 있기 때문일까요. 곧 마주해야 할 이별이 두려워, 지금 이 행복을 즐기지 못하는 것일까요. 벚꽃의 진짜 꽃말은 '짧은 만남 뒤 이별'이 아닐까 합니다. 그 짧은 기간 동안 온 맘 다해 사랑하고 불타 결국엔 재가 되어 날리는 것이 꼭 우리 같습니다.

흐드러지게 핀 분홍의 꽃잎들은 당신을 닮았습니다. 곧 지고 종말을 맞이한다는 점은 저를 닮았네요. 우리를 닮아서 제가 저 벚꽃을 사랑하나 봅니다. 우리를 닮은 사랑이 지는 것이 슬퍼 지난 봄, 벚꽃나무 아래서 제가 그리도 울었나 봅니다. 세상 예쁜 것은 당신을 닮고 스러져 가는 아픔들은 저를 닮길 바랍니다. 예쁘고 귀한 것만 남은 세상에서 당신은 항상 꽃같이 아름답기를 흐무러진 벚꽃 아래서 기도합니다.

안 그래도 사랑할 것들이 넘치는 계절이라,
당신을 사랑합니다.

벚꽃나무 아래에서

곳곳에 벚꽃이 피고 있으나 아직 만개하지는 않은 어느 봄, 우린 두 손을 마주 잡고 동네를 걸었다. 거리엔 벚꽃나무들이 무리 지어 서 있었고 아직 이른 봄에 이제야 겨우 조금씩 꽃을 피워 내고 있었지. 그리고 조금 떨어진 곳에 다른 나무들과 동떨어져 혼자 서 있는 나무 한 그루. 아직 꽃을 피워 내지 못한 다른 나무들과 달리 혼자 만개하여 있었고, 당신은 그 나무를 보고는 "얘는 외로워서 먼저 활짝 폈나 봐."라고 말했다.

그런가. 이 나무는 외로워서 홀로 활짝 피었구나. 자기를 좀 봐 달라고. 길가에 늘어서 있는 나무들만 보지 말고 나도 좀 봐 달라고. 우리는 먼저 꽃을 피워 낸 그 나무 덕에 남들보다 먼저 벚꽃을 즐겼고 그날 내 마음에도 꽃이 피었지. 나무의 외로움을 헤아리는 당신이라면 나를 외롭게 하지 않겠다 싶었어.

그날 나무는 우리 덕에 외롭지 않았고, 나는 당신 덕에 외롭지 않았다. 외로운 나무의 마음마저 알아주는 당신을 어찌 사랑하지 않을 수 있겠어.

눈사람 자살 사건[4]

욕조에 몸을 담그고 누워 있다가 문득 오른 손목이 눈에 들어왔다. 햇빛에 검게 그을린 팔과 손등에 비해 그다지 검지도, 희지도 않은, 말 그대로 살색의 손목. 덜렁대는 성격 탓에 손에는 이런저런 상처가 많은 편인데 손목에도 동맥이 흐르는 길을 따라 1cm 정도 크기의 작은 흉터가 있다. 내가 그은 것은 아닌데 어떻게 생긴 것인지 기억조차 나지 않는 작은 흉터 하나.

친구에게 실습 대상으로 몸을 맡겼을 때 생긴 흉터일까. 이 흉터를 따라 칼로 벤다면 나는 죽게 될까. 욕조에 물을 받고 들어가 손목을 긋는 영화의 한 장면을 떠올렸다. 사실 사람은 손목을 긋는다고 쉽게 죽지 않는다. 죽어 가는 것을 살리는 것만큼 살아 있는 것을 죽이는 것도 쉽지 않다. 그것이 비록 '나'라고 하더라도.

얕게 베이면 정맥에서 출혈이 발생하기에 피는 곧 응고되어 버리고 남는 것은 흉터와 고통뿐이다. 그렇다고 사람의 약한 의지력으론 각종 근육과 인대, 힘줄을 끊어 가며 동맥이 있는 깊은 곳까지 베어 내긴 어려울 것이다. 날카로운 메스가 아닌 집에 있는 무딘 칼로는 벤다기보다 썰어 낸다가 더 정확할 것이다.

---

[4] 최승호 시인, 〈눈사람 자살 사건〉과 동명의 제목

정말 죽고자 한다면 베는 것보다 동맥이 주행하는 길을 따라 깊이 찔러 넣는 것이 더 쉽다. 정확한 부위를 찔러 동맥을 끊어 낼 수만 있다면 꽤나 성공률을 높일 수 있겠지만 손목 동맥은 크기가 그리 크지 않기에 완전히 끊어 내지 않는다면 결국 응고되어 실패할 것이다. 어떠한 방법을 쓰더라도 의학적 지식이 없는 일반인이 손목을 긋고 자살하기는 쉽지 않다.

손목을 그을 때 욕조의 물은 따뜻한 게 좋을까 차가운 게 좋을까. 어차피 죽을 테니 상관없을까. 어차피 죽지 못할 테니 상관없을까. 정말 죽고 싶다면 따뜻한 물이 좋을 테고 살고 싶은 마음이 조금이라도 남아 있다면 차가운 물이 좋으리라. 따뜻한 물에선 혈액 순환이 빨라지니 출혈량이 증가하고 응고되는 시간을 늦출 수 있을 것이다. 차가운 물은 혈액 순환을 늦추고 혈관을 수축시키니 곧 피가 응고될 것이다. 무엇보다 고통은 참아도 추위는 못 참고 욕조를 뛰쳐나올 게다.

이런저런 생각을 하다 보니 어느새 물은 식었고 몸이 점점 차가워진다. 나도 추위는 참기 힘드니 이제 목욕을 마쳐야겠다.

아, 나는 추위에 약하니 뜨거운 물이 좋겠다.

어느 눈사람도 고민 끝에 따뜻한 물을 틀고 자살했다지.

보통 날

어느 날, 밖을 보니
하늘이 너무 예뻐 사진을 찍어 너에게 보냈고
그때 그 마음은 분명 사랑이었을 게다

어느 밤, 길을 걷다
그날따라 달이 밝아 너에게 전화를 걸었고
그것은 그리움이었을 게다

어느 낮, 편지를 적어
너의 집 우편함에 넣고 돌아왔고
그것은 이별이었다

우리 이별했지만
사람들 틈에서 항상 널 찾고 있는
이 마음은 미련일 테고

사람이 아무리 많더라도
그 속에 네가 있다면
난 단번에 널 알아볼 수 있을 게다

그리고 그것은 아픔일 테지

여름꽃

분홍으로 노랑으로 피었던 화사한 봄꽃은 어느새 비가 되어 내리고 여름이 오고 있습니다. 저는 아직도 당신을 떠나보낸 겨울에 머물러 있습니다만, 아무리 겨울을 붙잡아도 시간은 무심하게 봄으로 여름으로 흐릅니다.

뜨거운 여름이 봄꽃들을 지워 내면 온 세상이 녹음으로 우거지고, 바람에서 봄의 꽃향기가 아닌 짭짜름한 바다 냄새가 날 때쯤 완연한 여름이 됩니다.

저는 한 계절이 다음 계절로 넘어갈 때쯤 크게 앓는 버릇이 있습니다. 겨울에서 봄으로 넘어갈 때 그랬고, 봄에서 여름으로 넘어갈 때 또 한 번 그렇습니다.

콧물로 시작한 감기가 목으로 내려가 기침이 되고 편도염이 되어 고열이 됩니다. 화사했던 봄꽃이 지고 제 얼굴에 열꽃으로 피면 그것이 여름꽃입니다. 지금도 앓고 있는 것을 보니 곧 여름이 오려나 봅니다.

뜨거운 여름은 청춘을 닮았습니다. 여름을 맞은 젊음들은 열기를 식히기 위해 바다며 강으로 뛰어듭니다다만 이미 청춘을 잃은 저는 마냥 지켜볼 뿐입니다.

저에게도 여름처럼 강렬하게 타오르던 젊은 날이 있었으나 세월의 흐름 앞에 열정은 사그라들고 남은 것은 얼굴에 흐드러진 열꽃뿐입니다.

그렇게 여름을 맞은 저는 잃어버린 청춘이 서러워 끙끙 앓나 봅니다.

비는 소리부터 내린다

부엌에서 찌개가 끓으면 집에는 비가 온다
마치 빗소리처럼 찌개는 끓는다

빗소리처럼 끓는 찌개 속에 숟가락을 담그고 한 입 떠먹으며
빗소리 참 좋다고 말한다

찌개를 졸이고 졸이면 비는 점차 거세진다
거세지는 빗소리에 숟가락을 담그고 빗방울을 건져 내 한 입 떠먹으며
비 맛이 참 좋다고 말한다

아직 비는 오지 않는다
비는 소리부터 내린다

냄비 바닥을 새카맣게 태우며 비가 오기를 기다린다
찌개가 끓다가 끓다가 나중에는 다 졸아서 냄비 바닥을 시커멓게 태우면
그 바닥에 붙어 있는 것이 사랑

비를 좋아하던 당신은 결국 비가 되었을까
냄비 바닥에 달라붙은 찌개가 운다

냄비 바닥을 새카맣게 태우며 오는 비
비는 소리부터 내린다

나는 하나의 빗방울과 다른 빗방울을 구별할 수 있어서
특히나 그것이 당신이라면 나는 알아볼 수 있어서
찌개는 운다

냄비에 눌어붙은 비는 아무리 긁어도 떨어지지 않아서
숟가락으로 긁어 대다 무심하게 싱크대에 툭
버려진다

침묵하는 것들에 대하여

사랑한다는 나의 말에 당신은 침묵하였다. 그다음 번의 사랑한다는 말에도 당신은 침묵하였고, 그다음 번의 다음번도 마찬가지였다. 나는 당신에게 대답하지 않는 것으로 대답한 것이냐 물었고 당신은 그렇다 하였다.

말하고 남은 것을 침묵이라 한다. 말할 수 있는 것들을 모조리 내뱉고 나면 말할 수 없는 것들만 남는다. 그것들은 마음 가장 깊숙한 곳에 쌓인다. 나만 볼 수 있는 곳에, 나만 볼 수 있는 것들이. 그렇게 내놓을 수 있는 것들을 모두 내놓고 남은 것들이 나를 구성한다. 그래서 나는 침묵해야 한다. 침묵만이 나를 표현할 수 있기에. 침묵이 나이기에. 그렇게 말로 할 수 없는 것들만 남기에 글로 쓴다.

말과 침묵의 무게가 어떻게 같을 수 있을까. 하나는 내뱉고 나면 겨울철 입김처럼 흩어져 버리는 것이고, 하나는 깊은 바닷속 모래처럼 침잠하며 쌓이는 것인데. 뱉으려 해도 뱉어지지 않아 마음속에서 점점 큰 소리로 메아리치는 것인데. 그렇게 증폭되며 내 안에 남아 눈물로도, 한숨으로도 뱉어 낼 수 없어 가져가는 것인데.

꽃 같은 것들이 떨어진다. 침묵하던 것들이 소리를 낸다. 침묵하던 것들이 바닥에 닿으면 그제야 소리를 낸다. 툭, 툭. 하지만 침묵이 버릇되어서일까. 아무도 그 소리를 듣지 못한다. 아니, 들으려 하지 않는다. 아무도 들으려 하지 않는 그 소리를 나는 듣는다. 그렇게 나도 나의 침묵을 전하려 하지만 이미 떨어진 것들은 아무것도 듣지 못하기에, 최초의 소리가 최후의 소리가 된 그 마음을 또 내 마음 안에 침묵으로 담는 것이다.

언젠가 파도가 돌아오지 않는 날

불면에 빠진 늦은 밤, 적막한 바다는 저를 두렵게 합니다. 저 하늘마저 모두 품을 듯한 넓은 바다에 어둠이 내려앉으면, 바다는 세상 모든 어둠을 집어삼킨 채, 고요하게 저를 바라봅니다.

바다가 저를 들여다보는 것인지, 제가 바다를 들여다보는 것인지 알 수 없어질 때쯤, 달빛에 철썩이는 파도가 그 깊은 심연에서 저를 다시 건져 냅니다.

가만히 눈을 감고 파도 소리를 듣습니다. 파도 소리는 당신을 떠올릴 때 제 심장의 박동과 닮았습니다. 끝없고 불규칙하게 파도는 들썩입니다.

파도가 밀려오면 저는 당신과 가까워집니다. 파도가 떠나가면 저는 다시 당신과 멀어집니다. 바다와 저의 간격은 일정하면서도 일정하지 않습니다.

바다는 쉬는 법이 없습니다. 왔던 길이 가는 길이 되고, 가는 길이 오는 길이 됩니다. 그 모습이 꼭 당신을 생각하는 제 모습인 것 같아 슬퍼집니다.

하지만 파도는 언제나 다시 되돌아오기에 저는 이 고요한 밤바다를 사랑합니다.
하지만 떠난 사람은 다시 돌아오는 법이 없기에 저는 사람을 싫어하나 봅니다.

언젠가 떠난 파도가 돌아오지 않는 날이 온다면,
저도 그날에 당신을 저 파도에 실어 보낼까 합니다.

피곤한 어느 날의 단상

몸이 고된 날엔 오징어회가 생각이 났다. 특별히 몸이 힘든 날, 오징어회를 먹는 것은 나만의 의식이다. 365일, 1년 내내 당직을 서던 전공의 1년 차의 어느 날이었다. 그날따라 일이 많아 하루 종일 일만 하다가 밤이 되어서야 3평은 될까 싶은 나의 당직실로 돌아갔다. 병원의 당직실은 환자에게 무슨 일이 생기면 바로 튀어 나갈 수 있도록 병실 복도의 한 구석에 위치하고 있었다. 2층 침대 하나, 1인용 책상 하나, 작은 책장 하나가 끝인 조그마한 방이었다. 심지어 2인 1실인.

동기가 먼저 와 있었는지, 아니면 내가 돌아가자 곧 동기가 돌아왔는지는 잘 기억나지 않으나 그날따라 일이 많았던 탓에 우리 둘 다 녹초가 되어 있었다. 그렇다고 잠에 들기는 너무 아까운 하루였고 문득 오징어회가 생각이 났다. 그 당시는 배달 어플이 활성화가 되지 않았을 시기이기에 밖으로 나가 오징어회를 포장해 왔다. 소주 한 병과 함께.

두 명이 앉아 있기도 좁은 장소였기에 바닥에 박스를 놓고, 그 위에 오징어회와 미지근해진 소주 한 병, 그리고 책상 위에는 노트

북을 두고 〈비포 선라이즈〉를 틀었다. 왜인지는 모르겠으나 이미 10번도 더 보았던 〈비포 선라이즈〉가 보고 싶었다. 몸이 힘들었던 탓에 무언가 위로가 필요했기에 평소 좋아하는 영화가 생각났는지도 모르겠다. 그렇게 한 명은 침대 1층에 걸터앉고 한 명은 바닥에 앉아 말없이 영화를 보며 회를 먹고 소주를 나눠 마셨다.

그날 이후 몸이 힘들 때 오징어회를 사 오는 것이 습관이 되었다. 사는 게 별거 없다. 항상 행복할 순 없으나 힘들 때 나에게 줄 수 있는 선물 같은 거 하나쯤 가지고 있다면 좋겠다. 몸이 고된 날, 아무것도 하지 않고 그냥 침대에 누워 있기, 오징어회 먹기, 좋아하는 영화 보기, 평소에는 잘 먹지 않는 배달 음식 시켜 먹기 같은 거. 어디 멀리 가서 바다 보기 그런 건 너무 힘드니까 거창하지 않은 거. 그냥 손만 뻗으면 닿을 수 있는데 너무 사소해서 '다음에 하지, 뭐.' 하며 하지 않았던 그런 것들. 그런 것이 하나쯤 있어야 나도 이 힘든 세상을 살아갈 수 있지 않을까.

바다와 빗소리와 고열의 상관관계

사람이 그리워지면 바다에 갔다. 장난감을 갖고 싶어 우는 아이에게 사탕을 쥐여 주듯, 사람이 그리워 울고 있는 마음에게 무엇이라도 쥐여 주어야 했으므로. 아무것도 보이지 않고 드넓은 밤바다는 그리움을 달래기에 알맞았다.

비가 오는 날은 아무것도 하지 않아도 괜찮았다. 그저 창가에 멍하니 앉아 창문에 타닥거리며 부딪히는 빗소리를 듣는 것만으로도 우는 마음은 진정이 됐으므로. 그래도 마음이 달래지지 않으면 밖으로 나가 비를 맞았다. 비는 외로움을 흘려보내기에 알맞았다.

그러고 나면 며칠을 꼬박 앓았다. 감기에 걸리고 고열이 나도 병원에 가지 않고 방에 틀어박혀 약을 먹으며 버텼다. 그렇게 몸이 아플 때는 아무 생각도 나지 않았기에 사람을 잊기 알맞았다. 단, 병이 낫고 나면 그간 다하지 못했던 마음들이 한순간 밀려드는 것은 나도 어쩔 수가 없었다.

그럴 땐 바다도 빗소리도 아무런 도움이 되지 못하였으니 우는 마음과 함께 나도 울어 주었다. 그렇게 마음과 함께 부둥켜안고 더 이상 눈물이 나지 않을 때까지 펑펑 울고 나면, 나는 더 이상 할 수 있는 것이 아무것도 없었기에, 울고 있는 마음을 그 자리에 두고 일어날 수밖에 없었다.

저한테는 바다 냄새가 납니다

저한테는 바다 냄새가 나나 봅니다. 부산에서 태어나서일까요. 바다에서 태어난 것은 아니지만, 어릴 적부터 마음이 답답하면 버스를 타고 지하철을 타고 바다를 보러 가곤 했습니다. 성인이 되고 나서부턴 항상 바다 근처에 살았고 지금도 걸어서 5분이면 바다가 보이는 곳에 살고 있습니다.

그래서일까요. 저한테는 바다 냄새가 배어 있나 봅니다. 서울을 가도, 해외를 가도 사람들은 제게 부산 사람이냐 묻습니다. 사실 냄새보다도 더 진하게 배어 있는 사투리 때문이겠지만요. 바다를 항상 가까이하다 보니 바닷바람에 섞인 약간 비릿한 짠 내를 좋아합니다. 요새 부산 바다는 개발이 많이 돼 그런 냄새가 많이 줄었습니다만, 가까운 기장만 가더라도 바다 근처 시장 특유의 비린내가 강하게 올라옵니다. 그래서 전 부산 같은 대도시의 깔끔한 바다보다 정돈되지 않은 근교의 바다를 더 좋아합니다.

저한테도 저런 비릿한 바다 냄새가 나나 봅니다. 제 심성이 올바르지 못해서일까요. 바다 냄새라고 생각하고 맡으니 정겨운 냄새이지만 사람한테서 나는 냄새라 생각하면 끔찍합니다. 그것이 저라면 더욱 끔찍하고요. 그래서 제가 친구가 많이 없나 봅니다. 삐뚤삐뚤하고 차가운 성격 때문인지, 자신을 잘 드러내 보이지 않는 습성 때문인지는 모르겠으나 주변에 사람이 많지 않아 혼자 하는 것에 익숙합니다. 여행도, 여가도, 취미도.

저한테서는 사람 냄새가 나지 않나 봅니다. 그래서 사람들이 점점 떠나가나 봅니다. 제가 사랑하는 이들은 저를 보며 무슨 생각을 하는지 모르겠다 합니다. 무심하다 하고 무정하다 합니다. 그래도 무용하다 하지는 않으니 다행인가 합니다. 이런 냄새라도 좋아해 주는 사람이 있긴 하여 마음 답답한 날 술 한잔 같이 기울일 친구도 있고 가끔은 제가 좋다 말해 주는 사람도 있다는 게 참 다행입니다.

저는 전생에 사람이 아니라 바다였나 봅니다. 모든 것을 포용할 수 있는 넓은 몸뚱이를 가지다 좁디좁은 인간으로 태어나 줄어든 마음에 적응하지 못하고, 누군가를 품기에 마음이 너무 옹졸해졌나 봅니다. 저도 저런 바다 같은 마음을 가지고 태어났다면 얼마나 좋았을까요. 다정하고 넓은 마음으로 많은 사람을 따뜻하게 품어 줄 수 있었을 텐데요.

저한테는 바다 냄새가 납니다.

이동건

@ooohoohoot

글과는 전혀 다른 삶을 살지만,
내 작은 글들이 당신의 하루를
다정하게 만들어 주길 바라요.

지나가면 안 될 순간

때로는
어떤 순간에
하고 싶었던 말을 하지 못한 채
그렇게 흘려보내고는 합니다
수줍음과 익숙함이 만들어 낸
나의 마음이 어제는 꽤 오만했는지 모르겠습니다

세상에 당연한 것은 없다는 것을 알면서도
나는 아름다운 어제 그 하루가
내일도 이어질 것이라 생각했나 봅니다
그 순간, 같은 시간과 마음속에 있는 당신에게
아름답다 전했어야 했는데
아름다운 그 하루를 보고
아름답다 말하지 않은 그 후회는
곧 다음 날의 비가 되어 내려 버렸으니

더 이상 오늘은
누군가에게 아름답지 않은 마음이
되어 버렸을 테니
이제 내가 할 수 있는 것은
다시 맑은 하늘이 뜨는 날이 오기를
기다리는 것뿐이겠죠
다시 찾아올 아름다운 하루에
같은 마음과 함께 마주하길 바라며

제가 감히 행복한 하루에 대해 얘기해 보자면요

내 인생의 가장 행복한 순간은
감히 어떤 하루로 단정 지을 수 없는 것이겠죠

사실 부끄럽지만 행복했던 하루를
말하라 하면 그런 하루가 너무 많아
어떤 순간을 말해야 할지 모르겠습니다

그날들은 다 각기 다른 행복을 주었기에
그저 그날이 행복했다
말할 수 있음에 감사할 뿐이겠지만요

아, 행복한 하루에는
단 하나의 공통점이 있었습니다
바로 누군가가 내 행복에 같이 등장했었네요
나를 행복하게 해 준 존재,
나의 행복에 같이 행복하다 말해 준 존재

행복한 날에는 항상 '우리'였네요

바다를 만들기까지

모든 과정은 결과에 의해
새롭게 정의되기 마련이라
모든 과정 속에 들어간 땀방울이
짜다기보다는 씁쓸하게
그 노력의 모든 시간 속 배출된 잔해로 남을지
결국 누구나 가 보고 싶은 바다를 만들어 낼지

결국 성적표를 받고 나서야 알게 되겠지만,
오늘 당신이 해 질 녘 터덜터덜 발걸음을 옮겨도
누군가는 다음에 더 잘 할 수 있을 거야 하고
말해 줄 테지.

마르지 않을 만큼 노력을 쏟아 냈으니.
다음에는 바다를 만드는 사람이 될 수 있을 테니까

향

강한 향보다는
조금은 약하지만
잔향이 오래 남는
그런 향이 되고 싶습니다
강한 향은 자칫 부담스러울까 봐

부담스럽지 않을 잔잔함
그리고 당신이 포근함을 느낄 수 있을
그런 향이 되고 싶습니다
또한 나의 체취를 지우고 싶습니다
자칫 나의 슬픔과 아픔이
몸에 배여 있을까 봐
그런 향은 당신에게 맡게 하고 싶지 않아
행복과 편안함을 몸에 담고 싶습니다
큰 것 중에 작은 것이라도
어느 하나 불편하지 않을 그런 향이고 싶습니다

오늘도 몸에 뿌리는 이 향을
당신이 마음에 들어 했으면 좋겠네요

나의 걸음마

어릴 적, 걸음마를 떼던 아가에게
부모님의 응원은
물론 그 소리의 의미 그대로
전달되지는 않았겠지만
그 미소와 눈빛은 분명 나를 향해
사랑스럽게 웃어 주고 있었으니
'아 내가 무언가 잘하고 있구나'라는 것을
느낄 수 있었겠죠

이제 어른이 되어
더 이상 누군가가 지켜보는 걸음마가 아닌
스스로의 걸음마를 하다 보니
혼자가 되어 버린 듯한 기분이 들고는 합니다
"나 잘하고 있나요?"라고 물어보고 싶어도
이제는 내 목소리가 너무 정확하네요
더 이상 옹알이를 하지는 않는군요
옛날 그때처럼 누군가가 보살펴 주는
그런 아이가 아니네요

다만 변하지 않은 것은
걸음마 도중 넘어진 아가를 일으켜 준다고
당신이 넘어지면, 넘어진 당신을
일으켜 줄 사람들이 있다고

당신 잘하고 있어요

전처럼 당신에게 전해지는
그런 직접적인 목소리는 줄어들어도
당신을 좋아하는 사람들의
마음은 여전하기에

언제나 당신을 응원한다고

나의 표현
- 마음 안아 주기

적어도 내가
표현하고자 하는 모든 것들은
당신 그 자체에 어울리기보다는
당신의 마음을 위한 것이기를 바라고는 합니다

우리는 이미 많은 것을 알고 경험했습니다
아파하고, 반성하며 혼나기도 했습니다

분명 나 자신을 위한 모든 것들입니다

나 자신이 나중에 덜 아플 수 있도록
행복을 자신 있게 말할 수 있도록
그런 이유로 이미 꽤나 많은 사람들이
누군가들을 위해 그런 좋은 말들을 건네고는 합니다

저는 안타깝게도 그런 말을
당신에게 해 줄 수 있는 사람이 아닙니다
많이 부족한 사람이라 내가 그런 말을
전한다는 것은 어쩌면 많이 이상한 그림이겠죠

다만 그런 사실이 오가는 과정 속에
살짝은 소외되었던 마음을 안아 줄 수는
있을 것 같습니다

물론 그 표현 많이
서투르고 어색할 수는 있더라도
내가 전하는 진심 당신에게 닿는
그런 무언가를 표현하고 싶습니다

타임 러버

오전

1시 27분

내가 좋아하는 시간입니다

물론 항상 그 시간을 즐기지는 못하겠죠

때로는 피곤해서

먼저 잠에 들어 있을 때도 있을 것이고

때로는 무언가 내 머릿속을

어지럽히는 고민거리와 싸우는 중일 수도 있겠죠

다만 보통의 하루라면, 누군가의 좋은 밤을 바라며

나 역시 하루를 마무리할 준비를 하는 시간이겠죠

오후

2시 49분

오후의 따스한 햇살 아래

머리는 꿈을 꾸며

몸은 무언가를 하는 그런 시간에

그렇게

어떤 추억을 끄집어내서라도

어떤 이유를 갖다 붙여서라도

나는 이제 내 모든 시간을 좋아해 보려 합니다

나의 시간인데

너무 남의 시간 같았거든요

여름에는 에어컨을 틀어야겠어요

날이 많이 더워지고 있습니다
진한 여름의 열기가 가까워질수록
가끔 내 감정 또한 온도가 올라가는 것을 느낍니다
어쩌면 순간적인 감정을
주체하지 못할지도 모르겠습니다

적어도 내 몸은 많이 덥더라도
내 마음만은 적절한 온도를 유지해야겠습니다

끓는점이 올라가 결국 끓어 버린
순간적인 감정의 변화는
결국 예상치 못한 순간적인 결말을 맞이하니까요

아
지금은 에어컨을 쐬어야겠습니다
가을이 올 때까지는 차가워져야겠어요
그래야 내 감정의 온도 적정하게 맞출 수 있겠어요

스토리텔러

인간의
유일한, 아름답지만 슬픈 이야기는
영원하지 못한 삶이 아닐까요
어제와 오늘은 존재해도
내일은 알 수 없다는 것
그리고 그 내일은 언젠가 마침표를 찍는다는 것
우리들의 이야기도 그렇게 마무리가 되겠지요
그럼에도, 기왕 이야기를 쓰기 시작했다면
그 속에는 아름다운 이야기가 담기길 바랍니다
우리의 행복은 이 이야기의 주제이고
우리의 슬픔은 행복을 위한 복선이기를 바라 봅니다

오늘 하루도 수고했어요
아름다운 이야기를 담아내느라

엉엉 울었답니다

술, 담배, 커피
나에게는 각성과 동시에
변명에 불과한 것들이겠죠

육체를 보증 삼아
그동안 아무도 없는 새벽으로 인도해 주었던

유일하게
슬픔에서 벗어나
숨 쉴 수 있는 시간으로

쓰러진 병 하나
어두운 밤하늘에 흩뿌려지는
연기 한 가닥과

소중한 사람들은
나에게 말하였습니다

혼자 있는 새벽에
우울하게 슬퍼했던
너무나 초라해 보였던
뒷모습

그 모습을 안아 주고 싶다고

어쩌면
나는 많이 작은 사람이었나 봅니다

사랑하는 누군가의 품에 안겨
울지 못하고
그렇게 작은 것들을
자존심이라 말하며 꼭 쥐고 있었던 것을 보면

이제는 울어도 좋을 것 같습니다

내가 지운 그 노래

가끔 추억을 지워야 하는
그런 순간들이 있습니다

정말 힘든 일이네요
흰 방 안에 칠해 놓은 그림
낙서 그리고 작품까지
그 어떤 것도 지워도 지워도
추억의 잔해가 남아 있어서 말이죠

아이는 그렇게 지우개를 들고
어떤 그림 앞에 섰습니다
흰 벽에 번져 버린
이제는 형체를 알 수 없는
그 흔적과
땅바닥에 떨어진 그 잔해들은
이제 마음의 영역에서 멀어졌습니다

그저 머리에 머무르는 그 기억에
어렴풋이 누군가가 보이는 것 같지만
나는 지웠습니다
지운 겁니다

불안함 속 작은 안락사

그냥 편안하게 사는 것
내려놓으면 금방인데
내려놓기가 쉽지 않은 것이라
그렇게 편안함을 추구하면서도
편안함에 만족하지 못해서
어쩌면 너무 많은 것을
본 하루가
내 하루의 기대감을
높여 놓은 것인지
편안하게 눈을 감으려다가도
숨어 있던 불안함에 다시 눈을 뜨게 되는 것인지

자신의 하루에 편안함을 느끼는
그런 사람이 부러워지고는 합니다

유독 나에게는 이 하루가 너무
빠르게 흘러가는 것 같아서
어지러운 놀이 기구를 탄 후에
내린 듯한 그런 매스꺼움은
하루를 마무리한 후에야 사라지기에

이 글의 결론은 그냥 '부럽다'입니다
나는 아직 모릅니다
내 하루를 편안하게 느끼는 그 기분을요
다만 편안하게 살기 위한
그런 막연한 발버둥을 치고 있을 뿐입니다

흑진주

누군가의 시선 속에
비쳐 보이는 나의 모습은
어떨까 궁금하다가도
또 그 검은 눈동자 속
마음까지 어둡지는 않을까 두려워서
그렇지만 우리는
사랑하지 않고서 누군가의 눈동자를
뚫어져라 쳐다볼 일이 잘 없습니다
누군가는 누군가일 뿐이어서
그 검은 눈동자 속에
비치는 그 작은 모습 그대로일 테니

스스로가 바라본 그 모습에
부끄럼 없다면
그걸로 충분한 것이겠죠

그리고

어둠에 비친 그 모습

어둠과 대비되어 때로는

많이 아름다워 보이네요

감정 대비

오늘 집에 가는 길에
문득 하늘을 올려다보았습니다
하루를 밝혀 주던 해가
자신의 할 일을 다 하고
집으로 돌아가는 길이었나 봅니다

그 붉은 석양은 어찌나 아름답던지

분명 저는 작년에도
이런 똑같은 하늘을 올려다보았습니다
같은 장소에서, 비슷한 시간에
별 감흥은 느끼지 못한 채 말이죠

그 사이에 변한 것은
딱 내 마음 한 가지였나 봅니다

그렇기에, 더욱
아름다운 광경 혹은
보기 싫지만 마주해야 하는 그런 어떤
모든 것들을
행복한 마음속에 마주하고 싶습니다

더 아름답게, 덜 아프게

잔잔한 모험

여느 날과 다를 것 없는 하루
다를 것 없는 집으로 가는 그 길
자기 전, 내일 하루는 좀 더 행복했으면
좋겠다고 생각한 그 마음까지
때로는 너무나 지루한 일상일 수 있겠지만
그게 어쩌면 내 심장 박동 수가
가장 일정했던 일상이지 않을까 싶어

여느 날과 사뭇 다른 하루
변화 역시 언제나 우리가 바라는 것일 거야
더 나은 것, 더 편한 것을 찾아 떠나려고
우리는 때로 거친 비바람 속도 마다하지 않으니까
비가 그친 뒤 올려다본 하늘은 얼마나 아름답던지

뭐가 되었든
너의 이야기의 끝은 아름다웠으면 싶어
그냥 잔잔하게 흘러가며 끝을 맺는 이야기도

숨 쉴 틈 없이 흘러가며 끝난 줄 모르겠는 이야기도
적당히 섞인 그런 이야기도

네가 행복하였으면 그걸로 좋은 이야기인 거야
아름다운 이야기를 쓰고 있으면
그걸로 충분히 멋진 삶이야

바보

너는 바보냐
라고 한다면 우물쭈물하면서
'아니야'라고 말할 것 같습니다

때로 그렇게 바보같이
행동하는 순간이 있습니다

물론 알고는 있습니다
나는 그런 행동 속에
스스로를 아프게, 멍청하게 만들 것이라는 것을

그렇지만 어쩌겠습니까
내 마음이 그렇게 해 달라고 이렇게 울고불고
떼를 쓰는데

그렇게 먼저 달려 나간
마음의 뒤에 서서 은근히 기대하는

이 머리는 진짜 바보일 수도 있겠네요

하지만
진심이어서 그랬습니다

진심

이런 모습은 진심이고
저런 모습도 진심이었답니다
그럼 거짓은 어디에 있을까요
때로 진짜라고 믿은 것들은 한순간에 거짓이 되었고
거짓은 진짜라고 믿고 싶었으니
모든 당신의 말 한마디, 행동 하나
단 하나로 모든 것은 바뀌었습니다

진심과 거짓은 그렇게 받아들이기
나름이었답니다

부디 당신에게 보이는 내 모든 행동은
진실된 몸짓이기를

당신에게 향한 그 말이
다른 길로 새지 않고
당신에게 전해지길 바랍니다

김하민

@ha__mean

작가(作家)

종이를 써 내려갈 뿐인데
언어로 집을 만들어 갑니다.

종이들은 쌓이고 꽂혀
종유석과 같은 기둥이 되기도 하고
벽돌이 되어 담벼락을 이루곤 하지요.

일상으로 지은 곳에
여지없이 일상이 피어납니다.

오늘도 시선에 어린 하루를
네모난 종이에 가지런히 담아 보았습니다.

벚꽃

살랑거리는 바람이 꽃잎을 어루만졌다
잎새 하나에 찰나의 생명이 깃들어
하늘로 향하는 한 마리의 나비가 되고서
빈 여백 속을 자유로이 유영한다

이내 떨어짐을 아쉬워하지 마라
하나하나 떨어진 것이
한 송이 한 송이 녹지 않는 눈이 되어
오늘을 하얗게 물들여 가고 있으니

잔향

머무르지도 않고 스쳐 가는데
어느새인가 내 옷에는 그 잔향이 남아 있다

우리의 삶도 마찬가지겠지
하루바삐 살아가며 수많은 이들을 마주하지만
지나보면 그들의 향기가 한구석에 남아 있고

나 또한 그들을 스쳐 갈 동안에
남아 있을 나의 향내가 좋을 수 있도록
삐죽삐죽 튀어나온 모자람을 오늘도
하나하나 깨달으며 골라 간다

너와 나의 오늘이,
온기 가득한 향기로 가득 차기를

시간에 기대다

시간에 기대는 일이 많아졌다

헤엄치는 잠방거림이
수영이 아닌 부유가 목적이 되곤 함에
허우적거리는 걸 멈추고
주위를 가득 채운 공허에 몸을 뉘었지

만약과 문득이란 말에 희망을 띄워 보면서도
이내 설마라는 말에 다시 잠기곤 하였다

여지없이 시간에 기대 가는 하루,
언젠가는 기대의 농도로 가득 차
물드는 순간을 마주할 수 있으려나

그렇게 물속을 들락날락했던 나는
그 말처럼 오늘도 수심에 잠겨 가곤 했다

파도 소리

비 내리는 소리 가만히 듣고 있노라면
풀잎에 물방울 튕겨 새싹에 스며드는 소리
마치 소라고둥에 귀 대고서 들리는
파도 밀려오는 소리와 같아

수많은 빗방울과 함께
바다가 내게 찾아온 오늘
우산을 접어 두고서 고개를 들어
어느새 눈가에 드리워진 파도를 담아내 본다

모래알처럼 알알이 쌓인
내 걱정 또한 한 줌의 부유물이 되어
소리와 함께 저 멀리, 멀리 떠밀려 가거라

민들레

자그마하게 담아 둔 마음이
흐드러지게 움터 하얗게 피었고
때 맞춰 불어온 바람에
한 결 한 결 날려 보냈습니다

어디로 간 줄 모르는 나의 마음이
오늘 살아가는 당신에게 문득 날아가
허공 속 배회하는 솜뭉치 하나 보게 된다면
내 마음 곁 도는 줄 알고 웃음 지어 주세요

비록 지금은 두려워 한 올 마음 보였지만
때가 허락한다면 내 조만간 직접 다가갈 테니

부디 아직 마주하지 못하는 내일에는
당신 앞에서 웃으며 흔들릴 수 있었으면 좋겠습니다

연심

마음 들어 내려놓지 못하고 있다
혹여 간밤에 누구 이 마음 가져갈까

밤이 드리운 길은
너에게 닿을지 모르겠지만
떨림으로 나아가는 이 순간에
설렘과 기대 가득하니

생각으로 가득 찬 오늘
나의 새벽은 봄이 어디엔가 다가왔나 보다
그 꽃향기, 잔향이 네게도 닿았기를

티백

따스한 물 만나면
자신만의 그윽한 향을 풍기며

잠깐의 안온함을 선사하고는
이내 필요를 잃어 버려질지라도

그 잠시의 기쁨을 위해
쓰이는 티백은 식는 그 순간까지
주변을 따뜻하게 자신의 체온으로 데워 간다

너와 같은 삶을 살고 싶다
뛰어나고 대단한 사람이 될지는 모르겠지만

그래도 누군가 필요할 때 기꺼이 웃음 지으며
따스하니 편안함을 줄 수 있는 사람이 되고 싶어

오늘 걸어간 나의 자취가 누구에게든
마음 데워 가는 온기로 가득히 자리한다면 참 좋겠다

너에게도, 그리고 나에게도

순간

초록으로 물든
언덕 위를 걸어갈 때
새싹의 싱그러움을 발에 담아 보고

바람이 찾아와
장난스레 머리를 뒤집고 갈 때
나도 함께 나부끼며 자유를 만끽해 보았지

하늘 올려다보기도 어려운
바쁜 하루의 연속들이라도 짧은 이 순간,
시선을 돌려 눈망울에 너를 담아 간직해 본다

오늘의 어느 순간
누군가 바라보았을 때에,
날로 깊어지는 초록의 온도로
싱긋 웃어 보일 수 있기를

비가 내림

비가 소리 없이 내릴 때면
온 잎새에 빗방울이 조롱조롱 영글어
고유한 색채의 깊이를 더하고

하늘에서 영글다
내게 향해 떨어진 비는 회색의 옷에
검은 점들을 수놓아 자신을 기록한다

이내 날씨가 변하면 사라진다 하여
부질 없는 것은 아닐 테다
그 자체로 아름답고 의미 가득하니 말이다

마찬가지, 우리도 언젠가
삶에 주어진 시간이 다해 멈추기 마련이지만
그렇다 하여 우리의 오늘이 부질없는 것은 아니다

살아가는 이 순간이
더없이 귀중하고 아름다우니 말이다

소중한 오늘을 살아가자
의미 있는 오늘을 사랑하자

번아웃

주어진 오늘을 제멋대로 나아가다
나의 품에 의문만이 안겨 올 때마다
이따금 뒤를 돌아보곤 하였다

나름 해 본다고 노력한 것 같은데
내 시간의 농도는 다른 이들보다 옅었다

평범하다는 당연함이
때로는 얼마나 무거운지
정제되지 않은 내 마음을
누구에게 말하고파 괴로워하였지

매번 이기적이다 못해
어린 모습으로 돌아가는 나는
허물을 남겨 대는 뱀이 아닐까

열등감은 밤새우며 나를 기다리는데
자신감은 언제 일어나려는지 몰라
그저 기다릴 뿐

별일 아닌 듯 태평한 나의 모습은
자세히 들여다보면
수많은 고민이 점 되어 있는 점묘화겠지

오늘도 무엇인가
찍고서 살았던 한심한 순간이 모여
후일 누구에게 보일 만한 과거가 되지 않을까

재만 남은 자리에
남은 불씨 어디 있나 하며
그 자리에서 계속 뒤적이곤 하였던 나였다

나의 색상은 흰색

어렸을 적 꿈은 분명
알록달록하니 다채로운 그림이었는데
어느덧 뒤돌아본 자리에는
바래 버렸는지 백색만이 가득했다

잃어버렸나 하여 옷깃을 더듬어 보았으나
공허만 제자리에 남아 있더라

여백을 바다 삼아 몸을 누이고
찬찬히 시선을 두어 들여다보니

비어 있는 듯한 흰색은
수많은 빛이 모여 만든 색이었고,

바래진 상태로 널브러져 있던 여백은
위로 다른 이들의 그림들을 품을 수 있는
하이얀 도화지가 될 수 있다는 것을

주저앉아 흘린 눈물에
고인 무지개를 보고야 알았던 꿈이었다

여백을 채우다

당연하듯 무심하게 오늘을 거닐며
가사 없는 노래를 듣는다

악기만 선율을 그려 나가는
여백으로 남겨진 그 자리를

옮기는 발자국 자국마다
누구의 이야기로 조금씩 채워 본다

아쉬울 만큼 비었으나
이내 가득 차게 된 여백은
감당할 수 없는 밀도가 되어

그 자리에 한숨만 내쉬게 하고는
무슨 표정인지 알 수 없는 표정으로
하늘을 마주하게 한다

아직 내 삶 속에 남아 속 비치는
여백들의 어우름을 보며 생각해 본다

채운다는 것은 그런 거겠지
무언가로 메워질수록
그만큼 무거워질 수도 있다는 것 말이야

가벼울 순간에도
오히려 문득 버거워하는 나는
별스러운 사람인가보다

아이러니함

언젠가 간 카페에 형광등 대신
백열전구 줄줄이 엉글었다

그런 이유 무엇인가 물어보니
"느낌 있잖아요?"

그렇지, 비효율과 과소비가
감성으로 자리해 가치가 될 수도 있구나

최선과 고도의 효율로
빠르고 정확한 결과를 내는 법만 배웠던
로봇은 우리의 행동을 결코 이해할 수 없으리라

부족한 우리는 불완전하고
그렇기에 인간은 아름답다는 걸
오늘도 하나 배워 간다

직선으로 걷는 것보다 때로는
조금 굽어진 곡선을 걸어감이 아름다운 것처럼

분명하고 강렬하게 인화된 사진보다
뿌옇게 눈앞에 아른거리는 아지랑이가
더 기억에 남는 것처럼

고민

오늘은 마치 밀물처럼
고민이 가득 채우던 하루였습니다

불어난 수위에 발 닿지 않아
남몰래 허우적거리기도 하고
물을 조금 많이 먹기도 했지요

수많은 물결 속 파도 한 조각 손에 담아
해결치 못한 고민을 하나하나 고르고서는

이부자리에 누으면 환히 보이는
머리 맡 별들에 한 올 한 올 묶어 두었습니다

별을 헤갈 때
훗날 그 묶인 고민들도 함께 해져
찾을 수 없는 어둠에 물들었으면 좋겠습니다

그렇게 나는, 오늘도
고민이라는 별을 하나하나 헤가며
나의 오늘을 헤매는 중이었습니다

모기

밤만 되면 모기가 찾아왔다

깊어져 가는 무의식 속
귓가를 울리는 속삭임에
기겁하며 화들짝 정신을 다잡곤 했다

메아리처럼 되돌아오는 날개 소리에
마음과 다르게 수영도 하지 못하고
꿈속에서 족욕만 하고 말았지

한 번 깊게 들어오는 아픔보다 나는
여러 번 손 가는 가려움이 더 싫었나 보다

독서

넘겨 간다 생각하지만
결국은 생각하는 일이다

편리의 수렁에 몸을 누이고
손가락 몇 번 움직인다 해서
쉬이 얻을 수 없는 법이다

얕은 삶에 깊이를 더한다는 건
오늘의 여백에 불편함을 눌러 적어
마주할 내일에 그 자국을 남겨 가는 게 아닐까

깨끗했던 빈 공간이 연필 자국으로 가득 찬다

야경

여름에 수많은 나무들이
초록으로 움트며
옆에 자리한 등불들을
조롱조롱 맺을 때에

달은 오선지에 걸려
베이스 기타처럼

머리 위 그려진 줄들을
시선을 따라 미동 없이 튕겨 가며
오늘의 분위기를 연주하고 있었지

나도 하늘에서 보면
움직이는 음표가 아닐까 하여

수많은 음표와 쉼표들이 지나가는
아름다운 이 순간에 조그만 화음을 올려 보았다

물구나무

방바닥에 두 손을 든 채로
거꾸로 서서 물구나무를 할 때에

잠시나마 나는 이 거대한 지구를
머리 위로 들어 올린 아틀라스가 된다

버티고 버티어 보지만 쉽지 않다
80억 사람들의 삶의 무게는 참 무거운가 보다
하긴 나 또한 내 몸 하나 건사하기도 힘든데 말이야

작지만 광활한 지국의
어느 헤라클레스들에게 잠시 도움을 청해
나 또한 무게의 일부가 되어 그들에게 들어 올려진다

힘들더라도 조금만 기다려 줘
오늘 밤만 편히 쉬었다
내일 여지없이 다시 들어 올릴 테니

볕 들 날

무언가에 가려져 있거나
조명 받지 못해 어둠에 드리울지라도
이내 볕 들 날은 온다

보아라
저 하늘에 떠 있는 태양 또한
가만히 있지 않고 움직이고 있지 않으냐

어둠 속으로 깊어져 가지 말자
아직 너에게 드리우지 않은 불빛
너를 비추기 위해 찾아가고 있는 중이니

개굴개굴

개구리가 비가 올 때에
나와 우는 이유는 물속에 있을 때보다
습기 가득한 바깥이 더 숨 쉬기 편해서란다

너희도 하루 참 숨 쉬기 힘들어
그리 한데 모여 울었구나

나도 너희처럼 수심 속에 살았으니
이왕 울 것이면 함께 나와 목 놓아 울어 보자

실컷 울어도 괜찮아
우리의 울음이 대기를 거쳐
누구에게 노래로 들릴지 모르니 말이야

빗방울을 담아 보다

담아 보려 하였으나
어디가 미흡했던지
이내 구멍 나 새어 버렸다

공허하고 허전한 탓에
그 자리를 아쉬움으로 가득 채워 보였지만
시간이 지남에 아쉬움도 줄어 가더라

그래도 참 좋았다
찰나의 순간일지라도, 눈망울에 어릴 때
덕분에 가득 차니 웃어 보였으니

잘 가렴
면면히 말하는 듯한 이 순간도
한때의 어스름이니

여름

꽃이 지는 그 순간
비극이 시작되었다 하지만

꽃이 진 후 어둠 드리워
구름도 보이지 않을 때에
간밤에 새싹 이리도 움터 간다

누가 알았을까
화려함이 시든 봄날은
초록으로 물들어 가는 시작이라는 말

누구나 알았어도
쉬이 생각하지는 않았으리라

벚꽃이 짐에 낭만을 담았던 도화지
또한 백지가 된지 얼마 되지 않아

어느새 자라난 풀잎에 비쳐
새로이 초록으로 교만해져 갔다

향수

열린 창 사이로 하이얀 소리
파도처럼 밀려 들어올 적
비릿하니 쿰쿰한 흙냄새 함께
먼발치에서 다가와 내게 인사하지

사람은 흙에서 나
흙으로 돌아간다 하는데

어쩌면 오늘 내린 흙냄새는
보고픈 이가 비를 타고 흘러온 건가 봐

숨결이 바람 되어
당신의 향기로 간만에 가득 찬 날
창을 닫아야 함에도, 나 닫지 못하고서

밥만 잘 먹어도 좋아라 해 주시며
하회탈 웃음을 늘 짓고 있던 할아버지
무척이나 보고 싶어서 한참을 머물렀지

꿈

언젠가는 이 비행의 마지막에
떨어져 내려앉기 마련이지만

그것 생각하며 날개 펴기 주저하기보다
원 없이 앞으로 날아오를 하늘을 바라보자

역풍에 연은 더 높이 난다지

순탄하게 흘러가지 않아도 괜찮아
이 순간에 거슬러 가는 꿈은
그 바람을 타고 더 높이 날아오를 테니까

후회 없이 꿈꾸자
우리의 날갯짓을 담아낼
저 하늘은 참으로도 넓으니

예준

@yejun_poetry

무의미하게 흘러갈 수도 있는 삶에서 뭐라도 하나
건져 낼 수 있다면 건져 내어 손질해 글로 쓰고 싶습니다.

내 생애 단 한 번
- 장영희로부터

이 세상 사람들
모두가 다 이렇게
생각해 본다면
어떨지 상상해 보자

이 세상 사람들 모두가
자신들이 누리고 있는
모든 것들을 당연하게
여기지 않는다면

이 세상은 과연
어떤 방식으로
어떤 모습으로
바뀌어 있을까

뭐가 됐든 전보다
더 좋아지지 않을까

가족, 친구, 그리고
의와 식과 주와
돈을 버는 일터
지금 숨 쉬는 공기
지금 느끼는 햇빛

모든 것이 그냥
주어진 것이 아니니

전보다 더욱 소중하게
전보다 더욱 감사하게
생각하지 않을까

내가 인간을 너무
좋게 보고 있는 게
아닌가 싶지만
희망을 품어 본다

간절히 소망해 본다
'하필이면'의 행복을
모두가 누릴 수 있기를

우리 모두에게
- 크로노스 조각상으로부터

지나간 시간은
자세히 쪼개 놓고
좋은 조각들은
기름칠 잘 해서 놔둬

누리고 있는 시간은
뒷머리가 없으니
낭비하지 말고
좋은 곳에 잘 써야 해

누려야 할 시간은
앞머리가 엄청 길어서
조금만 뻗어도 잡히지만

어느 곳에서 무엇을
할지 미리 생각해 놔

시간이라는 녀석은
엄청 칼같이 살아서

잠시 다른 데 보다가
잠시 다른 데 갔다가 오면
벌써 저만치 가 있고

뒤따라갈 수 없을
정도로 거리가
벌어지는 경우를
많이 보곤 하지

그래서 미리 방향과
목적지를 완벽히 정해 놓고
걔를 마중 나가야 해

그래야 걔랑 같이
다닐 수 있고
그래야 행복할 거야

멀티버스
- 『드래곤 라자』로부터

사람 수만큼
많은 세상이라는
말이 있다

각자가 살아가고 있는
세상이 모두 다르니

그들 한 사람 한 사람이
생각하고 있는 행복도
모두 다를 것인데

자기들만의
가치 기준을 만들고
아무 얼굴에 막 들이대는

그런 무례하고
몰상식한 사람들이
요즘에 부쩍 많아졌다

그들만의 세상을
살아 보지도 못한
아니 않은 인간들이

무슨 자격으로
그따위 행동을
하는 것인가

지구 인구가 80억
이라고 하던데
그러면 80억 개의
기준이 있는 거다

80억 개에 달하는
뜻을 가진다는 말이다
행복이란 단어는

평생의 소원
- 수영으로부터

처음 사진으로 본 그이의
눈빛은 송곳이었습니다
아주 형형하게 빛나고 있었습니다

그 눈빛은 닿는 순간
닿은 대상을 순식간에
꿰뚫을 듯합니다

그이의 다른 사진을 보아도
그 눈에, 눈빛에, 시선에
자연스럽게 초점이 맞춰집니다

어둠에 휩싸인 시대 속에서
등대 같은 눈빛을 가진
그이는 용감했습니다

'시여, 침을 뱉어라'
그이의 일갈은
여전히 그 무게를
잃지 않고 있습니다

어두운 시대 가운데에
짧다면 짧고 길다면 긴
생애 동안 똑바로
발자국을 남겨 주었습니다

'눈'을 바라보던 '눈'을
'풀'을 바라보던 그 '눈'을
나도 가질 수 있다면

쳇 베이커

내가 그를 처음
알게 되었을 때 그는
이미 이 세상
사람이 아니었다

내가 태어나기도
한참 전에, 수십 년 전에
그는 삶을 마감했다

그가 이 세상에
남겨 놓고 간 것은
얼마 되지 않았다

힘없는 병자가 말하듯
갈라지는 목소리의
식어 가는 사랑의 노래와

음이 너무 높지도, 낮지도 않고
소리가 많이 크지도, 작지도 않으면서

슬픔이 담담하게, 그리고 천천히
배어 나오는 그의 트럼펫 연주

어느 소설가가 말했듯
그의 음악에선
'청춘의 냄새'가 난다

꿈을 좇아 달리면서도
고통에 못 이겨
다 놓아 버리고 싶어서
가짜 쾌락에 빠지고

이리저리 비틀대며
쓸쓸히 떠도는 신세지만
짧은 시간 동안이라도 꿈을
품었다고 차마 포기 못 하는

목적지를 찾지 못해
방황하는 청춘의 냄새

짙은 탄내 속에
아무도 모르게
살그머니 풀려 있는
달콤한 꽃향기

Inter
- 이어령으로부터

서로 다른 두 존재가
떨어져 있는
거리나 공간, 사이

그걸 메꾸는 목,
떨어뜨리면서도
이어 주는 역설

길에선 길목, 나들목
우리 몸에선
목, 손목과 발목

잘록한 부분이라
꺾이기 쉬워서
항상 조심해야 하는데

최근 들어 환자들이
계속 늘고 있다

시간의 방파제

지금까지의 내 삶 속에서
아직 어렸던 나에게
소설, 시, 음악 등등 여러
다양한 경로를 통해

무척 커다랗고 깊은
감동으로 다가와서
인상 깊었던 사람들 대부분은

말이 없어진 지
오래된 자들이었다
죽은 자들이었다

켄 키지, 스콧 피츠제럴드
카뮈, 카프카, 장영희
김수영, 신동엽, 조지훈

쳇 베이커, 빌 에반스
루이 암스트롱, 스탄 게츠
엘라 피츠제럴드

유재하, 김광석, 김현식
달빛요정, 신해철

왜 이렇게 옛사람들의
옛것을 좋아하는지
지금 한번 생각해 보니

아직 살아 있는 자들과 달리
켜켜이 쌓일 시간 속에서도
결코, 빛이 바래지 않을 사람들이라

메시지

그렇게 길지도 않아요
얼굴 마주 보고서
말로 하는 것도 아니에요
'이번 주말에 시간 돼?'

근데 왜 내 손가락은
딱딱하게 굳어 갈까요
자판 하나 누르는데
몇 분을 쓰는 건지

겨우겨우 다 썼는데
이번엔 전송 버튼을
누르질 못하겠네요

이럴 거면 왜 메신저를
켰는지 모르겠지만
그래도 여기서 멈추면

이때까지 쌓아 온 마음들이
모두 물거품이 돼 버리는데
어떻게 안 누를 수 있겠어요

비록 문자를 통해서
이어 온 관계라지만

그 속에만 사랑이
없을 수 있을까요

처음처럼 이번에도
먼저 보내 볼까 합니다
답장은 바라지도 않지만

'이번 주말에 시간 돼?'

그녀는 과연 알아줄까요?

메시지 2

비둘기 한 마리
창문 활짝 열고서
날려 보낸다

아직 물이 차 있어
드러난 뭍의
면적이 너무 좁다

발붙일 땅밖에
없어 선잠만 자고
배로 돌아온다

며칠 뒤 한 번 더
바깥으로 날려 보낸다
이파리 하나 물고 왔다

그리고 또 며칠 뒤
한 번 더 날려 보냈는데
이번엔 빨간 진달래

마지막으로 한 번
더 보내 보지만
돌아오지 않는다
열매를 먹고 있으리라

그때서야 정박하는 배

골방, 海房, 解放
- 쳇 베이커로부터

파란 방이 있어요
나만 아는 비밀스런
파란 방이 있죠

아무도 몰라요
내가 여서 뭘 하는지
내가 여 있긴 한 건지

창문은 없지만
커다랗고 투명한
통유리를 벽에
박아 넣었어요

높은 바다로 내리쬐는
하얗게 밝은 햇빛
하얗게 떠다니는 구름

하얀 폭포가 바다에
그대로 쏟아지며
우윳빛으로 빛나는
거품이 우수수
그리고 얼마 안 있어 파사삭

물결 일렁이는 높은 바다
꼬불꼬불 잔물결 마디
하나하나가 번뜩이네요

번뜩이는 청광(淸光)에
파란 방이 있어요
자기만 아는 비밀스런
파란 방이 있죠

언제 오든지
항상 푸르렀으면
하는 파란 방이 있어요.

霧野護
- Misty로부터

알 수 없어요

나도 당신을
당신도 나를

안개에 휩싸인 채
헤매고 있네요

하지만 다르게 생각해 보자고요

누구인지도 알 수 없고
어디 있는지도 모른다는 건

어떤 사람이든지
만날 수 있다는 거고

어느 곳에서든지
만날 수 있다는 것이니

어떤 사람이든
품어 줄 수 있는
너른 마음과

어떤 곳이든 같이
다닐 수 있게
튼튼한 몸을
가져야 할 거예요

체중계

사진을 보는 것은 예나 지금이나 무척 어려운 일입니다 지나간 시간을 거슬러 올라가는데 지금은 스마트폰에 다 있어서 엄지손가락으로 스크롤을 계속 위로 넘기니 손가락이 뻐근하고 아픕니다 거기다가 자세히 볼라치면 하나하나 다 들어가서 손가락으로 줌인! 그리고 줌아웃! 하는 게 여간 귀찮은 게 아닙니다

옛날에는 필름 카메라를 썼으니 사진을 실제로 보는 것이 여간 번거로운 것이 아니었겠죠 필름을 끼우고 찍다가 더 안 넘어가면 뚜껑 열고 필름 말아서 빼고 현상소까지 가야 했겠죠 그런데 가도 바로 찾아올 수 있는 것도 아니고 한 며칠 정도를 더 기다려야지만 사진을 볼 수 있었겠죠 그리고 그렇게 인화되고 출력된 사진을 두꺼운 앨범에 하나씩 넣었겠죠 인화하고 출력된 거 찾아오면서 처음 보고 앨범에 출력된 거 넣을 때 한 번 더 보고 좋았을 거예요

모든 것은 시간이 지나면서 변화하는 것이 만물의 이치인데 사진은 그렇지 않아요 그때 그 모습이 그대로 스마트폰 속에, 필름 속에, 출력된 사진 속에, 앨범 속에 담겨 있어요 냉장고에 음식을 넣어도 상할 건 상하는데 이 사진이란 문물은 담긴 순간의 모든 걸 끝까지 지켜 줘요 근대 문명 최고의 발명품이라 말할 만해요

근데 요새는 거의 다 스마트폰으로 사진을 찍으니까 그 무게가 조금은 가벼워진 것 같아요 버튼 하나만 누르면 뭐든지 다 찍을 수 있고 바로 그 모습을 확인할 수 있으니 말이에요 필름을 썼을 시절엔 필름도 가격이 꽤 들고 인화하고 출력하는 데에도 시간이 좀 걸리니 정말 정말 소중한 순간들, 두고두고 볼 만한 것들, 이때 찍어 놓지 않으면 나중에 결코 기억할 수 없을 순간들에만 카메라를 들었겠죠 그 시대를 살아 보지도 못한 놈이 이렇게 다 아는 듯이 말하는 것이 이상하긴 하지만 그래도 좀 복잡해졌으면 해요

사진의 무게와 피사체의 무게를 깨달을 수 있도록.

자국

길게 이어져 있다
끝이 안 보일 정도로

언제 이렇게 많이
생겨난 것인지

누가 이렇게 많이
남겨 놓은 건지

처음에 남겨 놓은
사람은 또 누군지

다들 자기 앞에
놓인 발자국을 따라
걸어갔나 보다

풀밭 가운데에
흙탕물이 흘러가니

천둥 치는 연기
- 모시 오아 툰야

나는 얼마나 작은가

쉴 새 없이 쏟아지는
물은 한없이
나를 작게 만들고

위를 올려다봐도
물 가루들이 분진을 이뤄
자욱하게 앞을 가리네

저 어딘가인데
저 높은 절벽의
어느 한 지점인데

그 시작도 알 수 없는
유구한 역사를 가진
쏟아지는 물의 벽

멍하니 쳐다보면
부서지는 파편으로
온몸이 푹 적셔지네

세상에 대한 무감각을
안정감에 취한 무의식을
헤집어 놓고 깨치고

벽과 하나가 되네